MEMOIRE

POUR Meſſire Joſeph-François Damas Chevalier, Marquis d'Antigny , Comte de Ruffey , Baron de Chevreau
& autres lieux , Meſtre de Camp au Régiment de Bou-
lonois , Infanterie , Gouverneur de la Souveraineté de
Dombes , qui eſt Demandeur & Défendeur.

CONTRE

Me. Charles Languet Conſeiller du Roi , Lieutenant Civil des
Bailliage & Chancellerie d'Arnay-le-Duc , qui eſt Défendeur,
Demandeur & Opoſant.
Et contre Mr. le Procureur du Roi de la Chambre du Do-
maine , qui eſt Intervenant.

IL eſt queſtion au Procès de ſçavoir de qui releve en Fief   *Etat de la
la Terre de Sivry ; ou du Roi , à cauſe de ſon Duché de   *queſtion.*
Bourgogne ; ou de Mr. le Marquis d'Antigny , à cauſe de ſon
Marquiſat d'Antigny : & en ce cas ſi ce Seigneur féodal eſt
bien fondé à *pretendre droit de commiſe* , pour avoir été malicieu-
ſement & opiniâtrément déſavoüé.

FAIT.

Mr. le Marquis d'Antigny fit ſaiſir féodalement le 6. Novem-   *Sujet du
bre 1728. en vertu de ſon Debitis , faute de foi & hommage ,   Procès.*
le Fief de Sivry apartenant à Me. Charles Languet Lieutenant
Civil au Bailliage d'Arnay-le-Duc , qui en joüiſſoit depuis plus
de quinze ans comme héritier de Philipes Languet ſon pere,
ſans avoir rendu , comme encore aujourd'hui , à aucun Seigneur,
les devoirs de Fief , pas même au Roi , dont il ſe prétend vaſſal.
Le 19. du même mois il le fit aſſigner au Bailliage d'Arnay-

1

?e-Duc, pour voir déclarer la perte des fruits encouruë, & ses Fermiers pour en faire leur déclaration.

Le Sieur Languet s'étant présenté sur cette assignation, intervint Sentence par défaut contre lui le 31. Janvier 1729. par laquelle pour le profit il fut ordonné que Mr. le Marquis d'Antigny remettroit ses piéces au Greffe, & que les Fermiers viendroient faire & affirmer leur déclaration à l'Audiance suivante.

Mr. le Marquis d'Antigny interjeta apel à la Cour de cet Apointement, & donna sa Requête en évocation du principal ; mais le Sieur Languet, à qui on n'a pas reproché sans raison un certain penchant pour le Procès, sans néanmoins avoir grand empressement pour les finir, ne chercha qu'à éloigner la décision de celui-ci, dont il lui auroit fort fâché de voir la fin dès sa naissance.

Désaveu fait
par le Sr. Languet.

Le parti qu'il crut devoir prendre pour l'éterniser, fut de désavoüer publiquement à l'Audiance Mr. le Marquis d'Antigny pour son Seigneur féodal ; mais comme c'étoit un coup de désespoir dont il ne sentoit que trop les consequences, flaté qu'il ne couroit aucun risque au sujet de la commise, quoique son Fief soit situé dans une Coutume où ils sont tous de danger, s'il s'avoüoit vassal du Roi, il déclara hautement qu'il entendoit relever de sa Majesté, comme son seul & véritable Seigneur féodal, à cause de son Duché de Bourgogne.

Arrêt sur l'a-
pellation inter-
jetée par Mr. le
Marquis d'An-
tigny.

Cette déclaration injurieuse à Mr. le Marquis d'Antigny, non pas par la préférence qu'il donnoit au Roi sur lui, mais par les motifs qui la lui avoient fait hasarder contre sa propre connoissance, donna lieu à l'Arrêt qui intervint le 5. Décembre de la même année 1729. par lequel la Cour mit l'apellation & ce dont étoit apel à néant, avec amende & dépens, & renvoya la Cause & les Parties pardevant les Officiers de la Chambre du Domaine, pour y être jugées en premiere Instance au principal, sauf l'apel à la Cour.

En execution de cet Arrêt Mr. le Marquis d'Antigny donna sa Requête le 15. du même mois de Décembre à la Chambre du Domaine, aux fins d'obtenir permission de faire assigner le Sieur Languet, pour voir dire, que faute par lui d'a-

Conclusions
de Mr. le Mar-
quis d'Antigny

voir satisfait aux devoirs de Fief qui lui sont dûs, *d'en avoir fait refus & de l'avoir desavoüé pour son Seigneur Dominant, en déclarant le Fief de Sivry de la mouvance de son Chatel & maison forte d'Antigny, dire qu'il sera confisqué & à lui ajugé par droit de commise avec les fruits échûs, à la restitution desquels le Sieur Languet sera condamné, suivant l'estimation qui en sera faite par Experts agréez par les Parties ou nommez d'office, & aux dépens.*

Le Sieur Languet après de longs délais, s'étant enfin présenté sur cette assignation & la Cause portée à l'Audiance du 24. Mars 1730. il y eut Apointement, par lequel il fut dit que les Parties écriroient & produiroient ; Mr. le Marquis d'Antigny y satisfit dès le premier Avril suivant, & le 26. Juillet donna sa Requête, par laquelle il établit la mouvance du Fief de Sivry & la demande qu'il en avoit formée en commise : le

Sieur Languet y répondit par la sienne du 5. Janvier 1731. Mrs. les Gens du Roi sont intervenus au procés, depuis Mr. le Marquis d'Antigny ayant fourni le dénombrement de son Marquisat d'Antigny, en conséquence de la reprise de Fief qu'il en avoit faite en la Chambre des Comptes, le Sieur Languet par sa Requéne du 28. Juillet 1732. forma oposition à la publication qui en avoit été faite, en ce que dans ce dénombrement Mr. le Marquis d'Antigny auroit compris la Seigneurie de Sivry & dépendances, en sorte que sur cet incident les Parties étant venues à l'Audiance, il y eut Apointement le 8. Août, par lequel cette oposition fut jointe de leur consentement au procès principal, de même que le dénombrement, pour être fait droit sur le tout par un seul & même Jugement, auquel effet les Parties écriroient & produiroient.

Oposition au dénombrement donné par Mr. d'Antigny à la Chambre des Compte.

En execution de ce nouvel Apointement, Mr. le Marquis d'Antigny donna sa Requête le   Décembre dernier, par laquelle il déclara qu'il employoit pour moyens de défense à l'oposition formée par le Sieur Languet au dénombrement par lui fourni, tout ce qu'il avoit écrit & produit au procès principal, & conclut, à ce qu'en le déboutant, ses conclusions par lui prises au procés lui fussent ajugées avec depens.

Le Sr. Languet donna pareillement la sienne le 17. du même mois, par laquelle il déclare qu'il employe aussi pour moyen d'oposition au dénombrement de Mr. le Marquis d'Antigny tout ce qu'il avoit dit, écrit & produit au procès, & conclut à ce que sans avoir égard aux Requêtes de Mr. le Marquis d'Antiguy des *conclusions desquelles il seroit débouté, faisant droit sur l'oposition par lui formée par sa Requête du 28. Juillet 1732. au dénombrement du Marquisat d'Antigny, il fut ordonné que tout ce qui se trouvera compris concernant la Terre & la Seigneurie de Sivry, membres & dépendances lui apartenant sera rayé, & lesdites Terres & Seigneuries de Syvry & membres en dépendans, en ce qui lui en apartient, déclarées mouvantes immediatement & en plein Fief du Roi, comme ayant fait partie de la Baronie d'Antigny: qu'en déclarant nulle, tant par les moyens de la forme, que par les raisons du fond la saisie du 6. Septembre 1728. mainlevée lui en sera faite avec dommages & interêts.*

Conclusions du Sr. Languet

Que sous le bénéfice de la soumission qu'il fait de faire foi & hommage au Roi de la Seigneurie de Sivry, & d'en fournir à Sa Majesté aveu & dénombrement à la forme de la coûtume. après que Mr. le Marquis d'Antigny lui aura remis tous les titres, Terriers, papiers & enseignemens concernant ladite Terre; ce Seigneur sera condamné à lui remettre, rendre & restituer tous lesdits titres, Terriers, papiers & enseignemens qui sont en sa puissance concernant ladite Terre, ou à souffrir qu'il fasse prendre des copies collationnées desdits titres, Teriers & papiers qui pouroient être nécessaires à Mr. le Marquis d'Antigny, si aucuns sont, & à l'aider des originaux, lorsqu'il en aura besoin; ordonner que la copie informe d'une prétendue Transaction ou arbitrage du 2. Avril 1619. de même que les autres copies collationnées ou informes produites par Mr. le Marquis d'Antigny seront rejetées du procès; & où ladite Transaction seroit réputée être en forme, audit cas la déclarer nulle & de nul effet, conformément aux Ordonnances, condamner Mr. le Marquis d'Antigny aux dépens; sauf son action pour la réparation & radiation des termes injurieux répandus dans les écrits de Mr. le Marquis d'Antigny.

Telles sont les circonstances qui ont donné lieu aux questions illustres par la dignité de la matiere qu'on examinera, aprés qu'on aura fait voir sur quoi est fondée la prétention de Mr. le Marquis d'Antigny au sujet de la mouvance du Fief de Sivry, à cause *de son chatel & maison forte d'Antigny.*

Preuves de la mouvance du Fief de Sivry.

La Terre de Sivry dans le douziéme siécle apartenoit à differens Vassaux qui tous successivement en ont repris de Fief des Seigneurs Barons d'Antigny *à cause de leurs chatel & Maison forte d'Antigny*, ainsi qu'il est prouvé par plusieurs titres qui furent visez dans un procès verbal d'execution de Sentence renduë le 30. Octobre 1579. entre le Seigneur Baron d'Antigny pour lors & le Sieur Brouhot Seigneur de Sivry, au sujet de la mouvance que ce Vassal lui contestoit déja, comme on le verra dans la suite, & lequel est produit par Mr. le Marquis d'Antigny sous cote 9.

Quitance du 2. Novembre 1498. cotée 40.

En 1498. la moitié de ce Fief, ainsi que de ceux de *Neüilly*, *Huchey* & *la Pallut* fut venduë par Pierre de la Boissiere tant en son nom que comme fondé de procuration des autres copropriétaires, au Sieur Arbaleste Conseiller & premier Avocat du Roi, Souverain Seigneur de Bourgogne.

Contrat du 25. Mai 1529. coté 41.

En 1529. Gilberte Dandelot veuve de Me. Jean Simon Vivant Lieutenant de Mr. le Bailly au Siége de Chálon, Claude Simon Ecuyer son fils, Jeanne & Françoise Simon, tant en leurs noms que se faisant forts pour Jean Simon leurs frere absent, vendirent à Haut & Puissant Seigneur Messire Girard de Vienne, Seigneur de Ruffey, Commarain, Laborde & Villeneuve, Baron d'Antigny & de Saint Aubain, Chambellan ordinaire du Roi, Chevalier d'honneur de la Reine & du Parlement de cette Province & Capitaine des Ville & Chateau de Beaune, la moitié du Fief de *Neuilly* qu'ils possedoient par indivis & ce que tenoit le Sieur Arbaleste ez *lieux de Sivry*, *Huchey & la Pallut, à eux avenus & échûs à cause & par le décès & trépas dudit feu Me. Jacques Arbaleste leur oncle.*

Les autres portions de ce Fief, qui consistoient en l'autre moitié, étoient possédées par d'autres Vassaux. Le Sieur de la Baume Ecuyer en avoit les trois quarts : l'autre quart apartenoit aux veuve & héritiers de Loüis Berthot.

Reprise de Fief du 10. Février 1574. cotée 6. qui énonce le contrat du penultiéme Janvier de la même année.

En 1574. le Sieur de la Baume vendit à Jean Brouhot Sieur de la Vesvre son gendre sa part & portion dans ce Fief, membres & dépendances, qui consistoit comme on l'a dit dans les trois quarts de la moitié, onze jours aprés le Sieur Brouhot en reprit de Fief de Messire Jacques de Vienne en la personne de son Châtelain.

L'autre quart de cette moitié qui apartenoit aux veuve & héritiers Berthot, ainsi que les trois quarts du Fief de

Corbeton qui eſt auſſi un arriere-Fief d'Antigny ; ayant été mis en decret à Requête de Me. Jean Guillaume Docteur en Droit, de l'autorité du Bailliage d'Arnay-le-Duc, le Sieur Brouhot s'en rendit ajudicataire le 21. Mars 1578. & ſept jour après, ſçavoir le 28. du même mois, ſe préſenta de nouveau à Jacques de Vienne pour lui en faire les foi & hommage, & fit énoncer dans l'acte que quoique dans la ſaiſie réelle non plus que dans le procès verbal de délivrance il n'eut pas été fait mention de quel Fief mouvoient & dépendoient les trois quarrs de Corbeton & portion de Si-vry ; *toutefois averti qu'ils mouvoient du Seigneur de Commarain à cauſe de ſa Baronie d'Antigny, ne voulant encourir la commiſe qui s'ajuge aux Seigneurs feodaux contre les Vaſſaux qui ne reconnoiſſent le Seigneur de la choſe feodale avant que de faire aucune entremiſe, il s'eſt tranſporté à Antigny pour reconnoître leſdits trois quarts de Corbeton & portion de Sivry dépendre dudit Seigneur de Commarain à cauſe de ſadite Baronie d'Antigny, & en conſéquence faire l'hommage & lui rendre les devoirs dûs ſuivant la Coûtume.*

Un an après, le Sr. Brouhot s'étant mis dans la tête comme a fait le Sr. Languet, que les Fiefs de Corbeton & de Sivry n'étoient pas de la mouvance de la Baronie d'Antigny ; il fut aſſez imprudent pour prendre des Lettres de ſouffrance en la Chancellerie, afin d'éviter la Commiſe, & il aſſigna tant le Seigneur Baron d'Antigny, que les Srs. Avocats & Procureur du Roi au Bailliage d'Arnay-le-Duc pour les voir en-tériner.

Le Seigneur d'Antigny y forma opoſition & l'y ſoutint non recevable, & mal fondé ; il y eut d'abord un Jugement pré-paratoire, par lequel il fut ordonné au Baron d'Antigny de communiquer ſes Titres ; ce Seigneur y ayant s'atisfait, il y eut Sentence le 30. Octobre 1579. par laquelle *les Terres de Corbeton & la Tour de Sivry* furent déclarez *dépendre & mouvoir du Fief de la Seigneurie d'Antigny, en conſéquence la repriſe de Fief faite par le Sr. Brouhot le 28. Mars 1578. pour les part & portion qu'il avoit aquiſes ſur les veuve & héritiers de Loüis Berthot, déclarée bien & dûment faite, & le Sr. Brouhot débouté du fruit & effet de ſes Lettres de ſouffrance, avec dépens.*

Dans le vû de la Sentence il eſt fait mention d'une déclara-tion du Procureur du Roi au Siége d'Arnay-le-Duc en da-te du 18. Août de la même année 1679. qu'il n'entendoit *plus avant conteſter,* & qu'il ſe départoit de l'inſtance.

Suivant le ſtile de ces tems là, il eut tant avec le Sieur Brouhot que Mrs. les Gens du Roi du Bailliage, le 16. Dé-cembre ſuivant un procès verbal d'éxécution de cette Senten-ce, dans lequel ſont viſez & énoncez les différents Titres produits par le Seigneur d'Antigny qui aprennent l'état vé-ritable du Fief de Sivry, & qui font connoître que de tems immémorial il a relevé de la Baronnie d'Antigny ; notament une Lettre en parchemin contenant pluſieurs repriſes de Fief faites à Richard de Montbeliart Seigneur d'Antigny par

Procés verbal d'execution de Sentence du 16 Décembre 1579. coté 9.

Ce Richard de Montbelliard é.

coit fils de *Thie-ry de Montbe-liard*, Seigneur de Montfor & Champlite en partie, & de *Jeanne de Montagu*, Dame d'Antigny & de Chaguy, fille unique de *Philipes* Seigneur d'Antigny, dans le douziéme siécle.

Guiod de Sivry; Guiod de Blangey & plusieurs autres; après quoi le Lieutenant au Bailliage prononce en ces termes.

Nous avons en mettant à due & entiére éxecution nôtredite Sentence, ajugé, déclaré & déclarons le droit de Fief & hommage desdites Seigneu-ries de Corbeton & de Sivry en ce que possede ledit Brouhot, qu'il a aquis & qui lui a été ajugé par ci devant, apartenir audit Seigneur d'Antigny & à ses successeurs, icelui maintenu & gardé, maintenons & gardons audit droit de Fief & hommage selon Coutume & Loix pour ce regard en ce Duché de Bourgogne, ordonnons que ledit Brouhot s'arrêtera au serment de fidélité par lui fait ci-devant audit Seigneur par la reprise de Fief ci devant mentionnée, ne contrevenir esdits sermens, & moins encore reconnoître autres Seigneurs que lesdits Seigneurs d'Antigny esdits Fiefs, à peine de commettre acte de félonie, infidélité & de la Commise.

Ensuite est l'acquiescement du Sieur Brouhot à cette Sentence; & comme dans le cours du procès le Seigneur d'Antigny avoit témoigné vouloir user du droit de Commise, il voulut bien s'en départir en sa faveur, pour cette fois seulement, est-il dit, suivant la procuration jointe au procès ver-bal.

Procuration du 19. Décembre 1579. cotée 9.

Le Sieur Brouhot, qui, comme on vient de l'observer, n'avoit que la moitié du Fief de Sivry, qui consistoit dans les trois quarts qu'il avoit aquis du Sieur de la Baume son beaupere, par contrat du pénultiéme Janvier 1574. & dans l'autre quart dont il s'étoit rendu ajudicataire sur les veuve & héritiers de Loüis Berthot en 1578. songea à réunir en sa personne l'autre moitié de ce Fief que possédoit le Seigneur d'Antigny qui l'avoit aquise en 1529. des Simon héritiers du Sieur Arbaleste.

Cotes 6. & 7.

Coté 41.

En effet ce Seigneur lui fit vente en 1589. de ce qui lui apartenoit, sans en rien réserver que ce qui avoit été vendu depuis peu de tems en çà à Jean Goulié de Chasoges, pouvoit & devoit lui apartenir au Village & finage de Sivry.

Contrat de vente du 15. Septemb. 1589. esté.

En conséquence le Sieur Brouhot se repréfenta à lui pour lui rendre les devoirs de Fief pour cette portion, & reconnu pour lui & les siens tenir, porter & posséder perpetuellement la Seigneurie de Sivry suivant que le Baron d'Antigny la tenoit ci-devant *à charge de Fief envers ledit Seigneur à cause de son Chatel & ma son forte d'Antigny.*

Reqrise de Fief du 10. Octobre 1589. cotée 10.

Cependant au préjudice de ces reconnoissances géminées, le Sieur Brouhot eut la mauvaise foi de faire un procès au Seigneur d'Antigny en interprétation de ce contrat de vente auquel il vouloit donner plus d'étendue qu'il n'en avoit, prétendant qu'Antoine de Vienne en lui vendant ce qu'il avoit à Sivry comme dépendant de Sivry, lui avoit encore vendu ce qui lui apartenoit à Sivry comme dépendant d'Antigny.

Le Seigneur d'Antigny soutint le contraire, & qu'il ne pouvoit prétendre dans l'aveu qui lui avoit été fait, que ce qui dépendoit de Sivry, & non de la Baronnie d'Antigny.

Compromis du 29. Août 1598. coté 11.
Sentence pré-paratoire du 28. Octobre 1598. cotée 11.

Les Parties ayant compromis sur ce different, les Arbitres rendirent une Sentence préparatoire le 28. Août 1598. par-

laquelle ils ordonnerent que le Seigneur d'Antigny donneroit dans huit jours état & declaration des héritages & droits de Justice, Seigneurie, Rente, Cens & autres qu'il prétend être dépendans de la Baronnie d'Antigny, au finage neanmoins dudit Sivry & riere icelui, & qu'il prétendoit n'être pas compris dans la vente faite au Sr. Brouhot, pour après en avoir eu communication se resoudre dans la huitaine suivante.

Le Seigneur d'Antigny satisfit au préparatoire, & donna un état circonstancié de ses prétentions, à la fin duquel & au dernier article, il est dit specialement qu'il lui demeure reservé *les Fiefs & héritages, droit de guet & garde en tems d'eminent péril, comme chose cohérente à sa Maison forte & Châtel dudit Antigny, qui n'en peuvent être separez sinon avec ledit Châtel.*

Cette instance étant restée quelques années sans pourfuites, & probablement Brouhot l'abandonnant ; lui & ses enfans vendirent aux Moingeon presque toutes les terres de leurs Fief, par Contrat du 27. Avril 1613. franches & exemtes de toutes charges ne s'étant reservé que la Justice, sans avoir exprimé la mouvance, en consequence dequoi ces Aquereurs s'en mirent en possession.

Mais le Procureur d'Office de la Baronie d'Antigny ayant fait assigner pour voir déclarer la commise, les Brouhot prirent le fait & cause, & renouvelerent la contestation mûe en 1598. on fournit de part & d'autre des écritures pardevant des Arbitres, qui contienent de solides raisons de la part du Seigneur pour établir que ce qui étoit compris dans la déclaration par lui fournie, ne faisoit pas partie de la vente de la portion de Seigneurie de Sivry.

Enfin il y eût de l'avis des Arbitres Sentence par forme de transaction le 19. Avril 1619. par laquelle les Brouhot reconnurent tenir, porter & posseder du Seigneur d'Antigny à cause de sa Baronie d'Antigny, la Tour & Maison Seigneuriale de Sivry, les Bois, les Prez, les Terres, les Cens & autres droits suivant le détail qui y est fait, tant en Justice haute moyenne & basse à eux apartenant audit Village & finage de Sivry, *mouvant dudit Fief,* dont ils donneront le denombrement audit Seigneur selon la coûtume, & pour ce lui en firent sur le champ *les hommage & serment de fidelité* qu'il reçut en personne, sçavoir de *Loüise Brouhot* pour la moitié, tant pour elle que pour son frere *Pierre* qui étoit présent & qui y consentit, & de *Charles & Claudine Brouhot* pour l'autre moitié, pour en joüir & user tous ainsi que leur pere avoit fait ci devant.

En consequence il fut stipulé que le Seigneur se départoit de la commise encouruë par les Moingeon, à condition que tous les Sieurs Brouhot retireroient desdits Moingeon dans le tems du réachat les héritages mouvants dudit Fief à eux vendu, où a faute qu'ils ne le voudroient faire, lesdits Moingeon feront les devoirs de Fief.

Demeurant, est-il dit, audit Seigneur d'Antigny, la Justice haute & moyenne & basse, les Rentes, Cens, & autres redevances, comme aussi les

Déclaration du Seigneur d'Antigny cotée 37.

Contrat du 27. Avril 1613. coté 12.

Ecritures du Procureur d'office cotées 44.

Sentence arbitrale du 16. Avril 1919. cotée 38.

Fiefs dépendans de ladite Baronie d'Antigny, suivant la déclaration que ledit Jaques de Vienne auroit produite audit Arbitrage, signé Gentot, contenant douze feüillets écrits de la main dudit feu Gentot, avec le droit de guet & de garde en tems d'éminent peril fur ceux qui le doivent à Sivry, & les droits fur les fonds vendus à Jean Goulié, dont il y a referve expreffe au Contrat du 7. Septembre 1589. pour en joüir comme il en a fait.

De laquelle déclaration, eft-il ajoûté, fera expediée copie aufdits Srs. & Demoifelles de la Vefvre par le Notaire fouffigné, & par ce moyen, continue l'Acte, *font terminez & affoupis tous lefdits differents & Procés fufdits pour le préfent, pour le paffé & pour l'avenir, fans que jamais ils puif-fent être renouvellez, tous dépens compenfez.*

Voila donc un Acte folemnel & authentique qui termine deux Procés au fujet de la mouvance qui avoit deja été dé-clarée par un Jugement contradictoire rendu avec Mrs. les Gens du Roi, & aquiefcé par eux & par les Parties en 1579. quaran-te années auparavant, en forte qu'il ne devroit plus y avoir de difficulté fur ce point, & qu'il n'eft plus permis ni au Seigneur Feodal, ni au Vaffal, de faire naître fur la mouvan-ce du Fief de Sivry aucune conteftation, comme étant une affaire irrévocablement jugée.

Auffi ces Jugmens & ces traitez ont-ils été depuis exacte-ment obfervez par les differents poffeffeurs de ce Fief, qui tous, jufqu'au Sr. Languet, en ont fait les foi & hommage aux Seigneurs d'Antigny comme on le va voir.

Les Srs. & Demoifelles Brouhot n'ayants pas retiré des Moin-geon dans le tems du réachat les héritages qu'ils leurs avoient vendus, ceux-ci fuivant & en confequance de la Tranfaction du 19. Avril 1619. dont on vient de parler, en firent pour la premiere fois les foi & hommage le 28. Juillet 1642. pour tous en commun.

La même année une portion de ce Fief ayant paffé à Char-les de St. Ligier Ecuyer Seigneur de Montregard qui avoit époufé une des Brouhot, il en fit la foi & hommage à haute & puiffante Dame Madame de St. Maurice, Comteffe de Ruf-fey, relicte de Meffire Jacques de Vienne, en qualité de baillifte de Mrs. fes enfants, & lui en fournit le dénombrement le 21. Novembre de la même année 1642.

Le Sr. Thibert ayeul maternel du Sr. Languet ayant aquis la portion du Sr. de St. Ligier, en 1650. en fit a fon exemple les foi & hommage.

Le 2. Avril 1663. Jean Moingon Marchand à Sivry reprit auffi de Fief de feu Mr. le Marquis d'Antigny, en fa qualité d'heritier de Sebaftien Moingeon pour la fixieme partie d'une acquifition faite des Sieurs de Lavefvre Seigneur de Sivry par défunts Claude Moingeon l'ancien, Claude Moingeon le jeune, Jean Moingeon ayeul, comme dependans d'Antigny-le-Chatel, & en donna le denombrement le 4. *Mai de la même année 1663.*

En 1667. Jean-Baptifte de Trécourt Ecuyer, premier Capitaine & Major d'un Regiment de Cavalerie, ayant aquis par contrat du 29. Avril de la même année la portion qui apartenoit au Sieur Thibert dans la Seigneurie de Sivry, reprit aussi de Fief de Mr. le Marquis d'Antigny en la personne de Me. François Valby Avocat à Beaune, & Bailli du Marquisat d'Antigny.

Trécourt du . 1667. coté 18.

En 1670. Pierrette Voisenet, tant de son chef qu'en qualité de donataire du Sieur Moïngeon son mari, reprit encore de Fief, à cause des heritages féodaux, est-il dit, faisans partie de sa Métairie de Sivry, provenans des acquisitions faites par Claude & Jean Moingeon des Sieurs & Demoiselles Lavesure & Brouhot, comme *dependans & mouvans d'ancienneté de la Baronie d'Antigny*, & le 16. Juillet 1671 en fournit le denombrement.

Reprise de Fief de Pierrette Voisenet du 29. mai 1670. & denombrement du 16. juillet 1671. cotez 18

Le 10. Août 1672. le Sieur de Trécourt donna un nouveau denombrement tiré & copié sur celui qui avoit été donné le 21. Novembre 1642. à haute & puissante Dame Madame de Saint Maurice Dame & Comtesse de Russey par le Sieur de Saint Leger de qui provenoit la portion qui lui apartenoit à Sivry en consequence de la reprise de Fief qu'il en avoit faite.

Denombrement du 10. Août 1672. coté 16.

Le Sieur de Trécourt par la suite n'ayant pû satisfaire aux engagemens qu'il avoit contractez ni aux conditions portées par le contrat de vente qui lui avoit été fait par le Sieur Thibert du Fief de Sivry pour le prix & somme de 14000. livres, avec quelques reserves, le lui retroceda pour 13000. l. par contrat du 13. Août 1682. reçû Nicole, & le Sieur Thibert reprit de Fief le 14. entre les mains du Seigneur d'Antigny pour les heritages, dit-il, qu'il possede à Sivry par la remise qui lui en a été faite par Jean-Baptiste de Trécourt.

Reprise de Fief du Sieur. Thibert ayeul maternel du Sr. Languet du 14. Août 1682 .cotée 20.

En 1686. le Sieur Thibert l'ayant remis à Maitre Philipes Languet son gendre, pere du Sieur Languet, par contrat du 30. Août, reçû Nicole, en payement de la somme de 14000. l. faisans partie de la constitution dotale de la Demoiselle Thibert sa femme, ce dernier en fit les foi & hommage le 6. Septembre de la même année 1686. & en fournit en même tems le denombrement.

Reprise du Fief du Sieur Philipes Languet pere de *Charles*, du 6. Septembre 1686. cotée 18.

En 1690. ce même Philipes Languet aiant acquis par échange une piece de pré de six soitures de Jean Moingeon & de Nicolas Goudet qui avoit été demembrée du Fief de Sivry, & qu'il vouloit y réünir, prit la précaution pour se garantir de la commise d'en reprendre de Fief & d'en fournir le denombrement le 15. Fevrier.

Autre reprise de Fief du Sr. Philipes Languet du 15. Fevrier 1690. coté 24.

Telle étoit l'état du Fief de Sivry lorsque le Sieur Languet en qualité d'heritier de Philipes Languet son pere en prit possession : tel est-il encore aujourdhui.

Or apres une possession aussi constante, & soutenue par un si grand nombre de titres qu'on ne peut ni contester ni contredire, peut-on avoir le moindre doute sur la qualité du Fief de Sivry & sur sa mouvance. Quand il n'y auroit que la Sentence du 15. Octobre 1579. contradictoirement rendue avec Meſſieurs les Gens du Roi aquiéſcée & executée par les auteurs du Sieur Languet & la Tranſaction du 19. Avril 1619. devroit-on mettre de nouveau en queſtion ſi le Fief de Sivry eſt de la mouvance du Marquiſat d'Antigny?

C'eſt néanmoins cette conteſtation déja jugée deux fois que le Sieur Languet renouvelle aujourd'hui à la faveur de quelques Ordonnances dont il ſe prévaut, d'une diſtinction chimérique du Fief de la Tour de Sivry avec la Terre & Seigneurie de Sivry, & d'une prétenduë réunion du Fief ſervant au Fief dominant, qui n'eut jamais lieu, comme il ſera aiſé de le faire connoître en le ſuivant pas à pas dans tous les raiſonnemens qui ne roulent que ſur des erreurs affectées en droit & en fait.

Précis des moyens du Sieur Languet.

Le Sieur Languet impute aux Seigneurs d'Antigny le retard où il eſt depuis le décès du Sieur ſon pere, c'eſt-à-dire depuis près de 20. ans qu'il s'eſt mis en poſſeſſion du Fief de Sivry, de rendre les devoirs de Fief, ſoit à eux, ſoit au Roi.

Il ſupoſe qu'ils ont toûjours refuſé de l'inſtruire de la mouvance de ce Fief & de lui en remettre les titres ; qu'après la mort du Sieur ſon pere il pria inſtament feu Mr. le Marquis d'Antigny de lui remettre les Terriers particuliers du Fief de Sivry avec tous titres & enſeignemens qui pouvoient l'inſtruire des droits en dépendans ; qu'en 1724. Mr. le Marquis d'Antigny ayant eu par contrat de mariage le Marquiſat d'Antigny fit ſaiſir ſur lui ſans l'avertir ni l'inſtruire d'un fait qui lui étoit inconnu, & qu'il n'étoit pas obligé de deviner ; & ſur ce vain prétexte il prétend ſe garentir de la commiſe, & a conclu à ce que Mr. le Marquis d'Antigny fut condamné à lui remettre tous les titres, Terriers, papiers & enſeignemens qui ſont en ſa puiſſance concernant le Fief de Sivry, après quoi il fera les foi & hommage à ſa Majeſté, & lui en donnera l'aveu & dénombrement à la forme de la Coûtume.

Il ajoute que la ſaiſie faite ſur lui eſt nulle dans la forme & au fond.

Dans la forme. 1° Parce qu'elle eſt faite en vertu d'un Débitis qui n'exiſte pas, ou s'il exiſte, qui étoit ſuranné. 2° Que pour ſaiſir féodalement il faloit une Commiſſion particuliere, que la generale eſt inſuffiſante. 3° Que cette ſaiſie n'avoit point été publiée au Prône de l'Egliſe Paroiſſiale ni enrégiſtrée au Greffe de la Juſtice des lieux. 4° Enfin que le Fief n'avoit point été ſaiſi, mais les fruits ſeulement.

Au fond, que le Fief de Sivry releve immédiatement de ſa Majeſté ; parce que. 1° Ce Fief ayant été réüni au Fief dominant d'Antigny, il a été depuis ſa réünion de la même nature que le Fief dominant. 2° Que quand ce Fief depuis

1498. auroit relevé de la Baronie d'Antigny , il auroit ceſſé d'en relever depuis l'aliénation qui en fut faite en 1589. 3° Enfin que lorſqu'une Terre releve du Roi aucun Seigneur en l'aliénant en tout ou en partie ne peut s'en réſerver la mouvance

Tels ſont en ſubſtance les moyens que le Sieur Languet employe tant dans la forme qu'au fond pour faire annuller la ſaiſie du 6. Novembre 1728. & pour ſe défendre de reconnoître Mr. le Marquis d'Antigny pour ſon Seigneur féodale ; mais par les réponſes qu'on y va faire il ne ſera pas difficile d'en connoître le peu de ſolidité & la mauvaiſe apliḍcation qu'il a faite de toutes les maximes ſur leſquels il les apuie : il faut commencer par détruire le prétexte d'ignorance ſur laquelle il s'excuſe.

Prétexte d'ignorance opoſé par le Sieur Languet.

1° Le Sieur Languet n'avoit pas beſoin qu'on l'inſtruiſit quel étoit le Seigneur dominant de ſon Fief de Sivry.

Il en etoit parfaitement inſtruit par les titres qu'il avoit en ſa puiſſance , & qui ne ſont autres que ceux qui lui en aſſurent la propriété : tel eſt le contrat d'aquiſition qu'en fit le Sieur Thibert ſon ayeul maternel en 1650. du Sieur de St. Ligier Seigneur de Montregard , & l'acte de foi & hommage.

Tel celui que fit le 29. Avril 1667. le Sieur de Trécourt premier Capitaine & Major d'un Régiment de Cavalerie , & ſa repriſe de Fief.

Tel eſt le contrat de remiſe fait par le Sieur de Trecourt au Sieur Thibert de ce Fief, & la repriſe que ce dernier en fit de nouveau.

Telle enfin la remiſe qui en fut faite à Philipes Languet ſon pere & la repriſe qu'il en fit.

Tous ces titres ſont en la puiſſance du Sieur Languet, & quoiqu'il en diſe on ne préſumera jamais le contraire, encore moins que les Terriers de la Terre & Seigneurie de Sivry n'ayent été remis à ſes auteurs , tant par ceux de qui ils aquiḍrent en 1574. que par le Baron d'Antigny, lorſqu'en 1589. il vendit la portion qu'il y avoit ; aucun d'eux ne s'en eſt plaint, c'eſt en vertu de ces Terriers qu'ils ont perçû les droits, cens & redevances dûs à la Seigneurie, & c'eſt ſur ces Terriers qu'ils ont moulé les dénombremens qu'ils ont fournis aux Seigneurs d'Antigny , & qu'ils ont apris qu'ils en ſont les ſeuls & véritables Seigneurs Féodaux.

2° Il en étoit parfaitement inſtruit, puiſque par pluſieurs lettres qu'il a écrites à Madame la Marquiſe d'Antigny, il lui marque qu'il eſt prêt de reprendre de Fief de Mr. le Marḍquis d'Antigny, mais à des conditions auſſi injuſtes que déraiḍſonables.

3° Le Sieur Languet convient lui-même dans ſon inventaire de production , qu'il a fait des demarches pour éviter ce proḍ cès, qu'auparavant & après qu'il eut été affigné à la Requête de Mr. le Marquis d'Antigny il l'alla trouver plufieurs fois dans fon Château à Antigny, à Dijon, & à Paris, à ce fujet.

4° Depuis près de 20. ans que le Sieur Languet fon pere eft mort, & qu'il a pris poffeffion du Fief de Sivry, fans avoir rendu les devoirs de Fief à aucun Seigneur, pas même au Roi qu'il réclame aujourd'hui comme fon véritable Seigneur, il a eu le tems de s'en informer.

5° Enfin nulle preuve de ce prétendu refus des titres qui pouvoient l'inftruire de la mouvance du Fief de Sivry de la part des Seigneurs d'Antigny, parce qu'il n'y en a aucune de la demande qu'il en a formée, il ne s'en eft plaint que depuis que l'inftance eft liée en la Chambre du Domaine, & que par ce qu'il a cru que cette ignorance affcctée le mettroit à l'abri de la commife, mais c'eft fans raifon & fans fondement qu'il s'en plaint.

Parce que 1° Il a connu par l'exploit de faifie féodale, & par les copies qu'on lui a données de toutes les piéces qui fervent à établir la mouvance du Fief de Sivry, quel en étoit le véritable Seigneur féodal.

2° Qu'en Droit, c'eft au Vaffal à aller chercher fon Seigneur, & que le Seigneur n'eft obligé de l'inftruire qu'après qu'il l'a ou avoüé ou defavoüé, & de lui communiquer fes titres que dans le cas d'une ignorance légitime & non affectée.

Telle eft la difpofition de l'article 44. de la Coûtume de Paris.

Et après que le Vaffal aura avoüé ledit Seigneur féodal, lefdits Seigneurs & Vaffal communiqueront l'un à l'autre leurs aveux, &c.

C'eft auffi le fentiment de tous les Commentateurs de cette Coûtume.

„ Tous difent qu'avant l'aveu & reconnoiffance faite du Sei-
„ gneur, le Vaffal ne peut lui demander aucune communica-
„ cation de fes titres, ni l'obliger à faire preuve que le Fief
„ releve de lui, en forte qu'ils ajoutent que fi le Vaffal ne
„ vouloit point reconnoître fon Seigneur de qui il releveroit
„ véritablement commetroit fon Fief à fon profit, fans qu'on
„ dût avoir égard à ce qu'il allegueroit, qu'il n'auroit aucuns
„ papiers, titres & inftrumens pour juftifier la mouvance.

C'eft ainfi que s'en explique Me. Claude de Ferrieres dans fa compilation des Commentateurs de la Coûtume de Paris fur l'article 44.

„ Charondas, fur l'article 43. dit que l'ufage de France eft
„ tel que le Vaffal eft tenu d'avoüer ou defavoüer précifément
„ le Seigneur qui l'en requiert, & ores qu'il en doute, il doit
„ ce faire, & pour éviter à la perte de fon Fief avoüer par
„ proteftation de ne fe faire préjudice, & à celui qu'il eftime
„ être le vrai Seigneur feudal.

„ Mr. Auzanet fur l'article 45. dit que le nouvel aquereur
„ d'un Fief eft obligé d'avoüer ou defavoüer le Seigneur qui
„ a procédé par faifie féodale, fans pouvoir demander aucu-

ɔ̃ ne communication de titre, quoique par le contrat de ſon
aquiſition le Fief *ſoit déclaré être mouvant d'un autre Seigneur*, à plus
forte raiſon un ancien poſſeſſeur.

Il eſt vrai que l'art. 65. de cette Coutume ordonne qu'à
chaque mutation, ſoit qu'elle arrive de la part du vaſſal, ſoit
qu'elle arrive de la part du Seigneur, les devoirs de Fief ſoient
renouvellez, avec cette différence que quand elle arrive de la
part du vaſſal, le nouvel aquereur par aquiſition ou autrement
eſt obligé dans quarante jours faire les foi & hommage à ſon
Seigneur dominant, à faute de quoi le Seigneur ſans aucune
interpellation peut ſaiſir ſon Fief juſqu'à ce qu'il ait ſatisfait à
ſes devoirs.

Mais quand la mutation arrive du coté du Seigneur, le
nouveau Seigneur ne peut ſaiſir le Fief de l'ancien vaſſal qu'a-
près les ſignifications, proclamations & ſommations portées
par cet article; & c'eſt relativement à cette diſpoſition particuliére de la Coutume de Paris qu'Argout a dit dans l'endroit
cité par le Sr. Languet page 9. de ſon Mémoire & 105. de cet
Auteur, que ſi la mutation arrive de la part du Seigneur,
le vaſſal n'eſt pas obligé de lui faire la foi & hommage qu'au
préalable ce Seigneur n'ait fait publier que ces vaſſaux ayent
à les lui venir faire dans quarante jours.

Mais en conclure que Mr. *le Marquis d'Antigny n'ayant point ſatisfait à cette formalité* indiſpenſable dans la Coutume de Paris,
*ſa ſaiſie a mal procédé, & que ce n'étoit qu'après cet avertiſſemement qu'elle
pouvoit lui être permiſe*, c'eſt en vérité n'y pas penſer & vouloir
ſurprendre la religion des Juges.

Car 1° ſi la Coutume de Paris a une diſpoſition particuliére à cet égard, que tout Seigneur féodal eſt obligé de ſuivre,
la nôtre n'en contient aucune; elle ne dit pas comme celle
de Paris que le vaſſal ſera tenu dans quarante jours de rendre
la foi & hommage au Seigneur dominant lorſque la mutation
arrive de ſa part, ni que le Seigneur dominant ne poura ſaiſir après les quarante jours que préalablement il n'ait ſommé
& interpellé ſes vaſſaux de les lui rendre; mais elle donne un
an & jour au vaſſal pour ſe préparer à faire les devoirs de Fief
au Seigneur féodal, faute de quoi elle lui permet de ſaiſir
féodalement, & cette ſaiſie dans nôtre Coutume eſt équivalen-
te & remplace la dénonciation que le nouveau Seigneur eſt obligé de faire dans celle de Paris.

2° Dans la Coutume de Paris les devoirs de Fief ſont dûs
par le vaſſal à toutes mutations, de quelque nature quelles
ſoient, ou de la part du vaſſal ou de la part du Seigneur.

Dans la nôtre, ſuivant l'uſage conſtant, ils ne ſont dûs qu'à
toute mutation de la part vaſſal qui ne peut être contraint
à faire plus d'un ſerment de fidélité.

3° Dans la Coutume de Paris, même quand nous ſerions
obligé de nous y conformer, l'interpellation que doit faire le
Seigneur lorſque la mutation arrive de ſon coté n'a lieu que
pour les vaſſaux qui ſont en foi, leſquels peuvent ignorer la

mutation arrivée de la part de leur Seigneur ; c'est pourquoi il est à propos qu'ils soient avertis auparavant que de saisir sur eux ; mais un vassal qui n'a point fait les foi & homma- ge sçait & ne peut ignorer qu'il est tenu de les faire à son Seigneur qui est le propriétaire du Fief dominant, ainsi il n'a pas besoin de sommation ni d'interpellation, parce qu'en cas qu'il y ait ouverture du Fief servant, le nouveau Seigneur peut saisir comme subrogé au lieu de l'ancien.

C'est le sentiment de Me· Charles du Moulin dans l'endroit où le Sieur Länguet p. 10. de son Mémoire dit qu'on auroit dû prendre la peine de lire ce qu'il dit à ce sujet ; car voici comme il s'explique dans le §. 2. de l'art. 65. du tit. des Fiefs.

Quæro 1° Quid si feudum alias apertum sit ex parte Vassalli ! hæc quæs- tio duplex habet caput. Primum caput respicit antiquam aperturam feud, quæ erat antè adventum novi Patroni & adhuc perseverat.

Secundum caput respicit novam aperturam quæ supervenit tempore novi Pa- troni, & breviter omissa disputatione dicendum est generaliter & differenter in utroque capité, hujus quæstionis cessare dispositionem hujus §. & solemni- tatem in eo expressam non esse requisitam : quia hic §. non loquitur nisi in casu quando feudum per adventum novi Patroni duntaxat est apertum ; secus quandocumque invenitur apertum ex parte Vassalli sive antè sive post adventum novi Patroni *quia tunc non habet locum dispositio hujus §. sed dispositio §. 1. §. 7. & aliorum. Et ratio est quia novus Vassallus scit vel scire debet se teneri & pure (saltem post quadraginta dies ab obitu quando per successionem venit) obligatum esse ad eundem Pa- tronum & jura feudalia offerendum & præstandum, quæ ratio cessat in Vas- sallo antiquo id est qui semel jura implevit quia scit se liberatum ei non potest nec debet scire iterum se obligatum nisi præmissa solemnitate & forma in hoc §. expressa, & sic consuetudo* quod novus Patronus liberam habet potestatem prehensoriam in feuda Vassalli quandocum- que aperta *sed non in feuda aperta per adventum novi Patroni duntaxat nisi præmissa solemnitate hujus §.*

C'est-là qu'est le siége de la matiere ; c'est-là aussi que du Moulin décide que le Seigneur Féodale n'est pas obligé de faire ni sommation ni interpellation au Vassal qu'il trouve n'être pas en foi lors de la mutation arrivée de sa part.

Ce n'est pas seulement du Moulin qui s'explique de la sorte, Brodeau ne le dit pas moins clairement dans l'endroit encore cité par le Sieur Languet même page 9. de son Mé- moire n. 14.

La decision de cet article, dit cet Auteur, & du suivant n'a point de lieu à l'égard des mutations & ouvertures precedentes de la part du Vassal (c'est nôtre espêce) pour lesquelles le nouveau Seigneur peut user de son droit sans être obligé de faire aucunes proclamations ni significations gene- rales ou particuliere, & faire saisir après les quarante jours du décès ou de l'aquisition de son Vassal suivant les 1. 7. 23. & autres ci-dessus, le nou- veau Vassal ne pouvant ignorer qu'il n'y ait ouverture de son Fief procedant de sa part, & les quarante jours lui sont donnez par la Coûtume pour s'informer qui est son Seigneur superieur & où son Fief dominant est si-

tué, après lesquels il n'a point d'excuse, laquelle raison cesse, en l'ancien vassal quand la mutation procede de la part du nouveau Seigneur qui ne la point averti ni sommé.

Enfin Coquille dans son Institution au Droit François qu'on a lû suivant l'avis du Sieur Languet dans l'endroit par lui indiqué page 8. de son Mémoire s'explique en ces termes au sujet des formalitez que doit observer le nouveau Seigneur à l'égard de ses Vassaux.

S'il y a mutation du Seigneur Féodal ou par succession ou par aquisition à titre particulier, & il veuille renouveller les hommages dûs à sa Seigneurie en cas qu'il y ait ouverture du Fief servant, ledit nouveau Seigneur peut saisir comme subrogé au lieu de l'ancien, en cas qu'il n'y ait point d'ouverture le Seigneur féodal doit faire sçavoir aux Vassaux tenans Fiefs mouvans de lui & leur donner tems pour ce faire qui ne soit moindre de quarante jours, avec assignation de jour & lieu certains.

,, Le même dit un peu plus haut qu'ez lieux où les Coutu-
,, mes ne décident point si le Seigneur doit instruire son vas-
,, sal, il seroit raisonable de ne le point contraindre d'avoüer
,, ou désavoüer qu'aprés qu'il aura affirmé par serment avoir
,, fait diligence d'enquerir, & qu'il n'a trouvé au-
,, cune instruction, & qu'en ce cas le Seigneur est tenu lui
,, communiquer les titres qu'il a, du moins aux dépens du
,, vassal qui sera tenu en aller prendre la communication
,, en la maison du Seigneur, sans que le Seigneur soit tenu
,, d'aporter en Jugement ses titres.

Argout est aussi de ce sentiment dans son Institution au
,, Droit François *liv.* 2. *ch.* 2. Lorsqu'un Seigneur, dit-il, a fait
,, saisir le Fief servant, le vassal qui veut avoir la mainlevée
,, de la saisie est obligé d'avoüer ou désavoüer le Seigneur. Si
,, le vassal avoüe, il doit faire la foi & hommage & payer
,, les droits, & après cela le Seigneur est obligé de lui com-
,, muniquer ses titres, qui sont les anciens actes de foi &
,, hommage, les aveux & dénombremens, & autres de cette
,, nature, & se purger par serment s'il en est requis. Le vas-
,, sal doit faire la même chose, & est obligé de satisfaire le
,, premier. Si au contraire le vassal désavoüe le Seigneur,
,, c'est à dire s'il dénie être son vassal & relever de lui, c'est
,, au Seigneur à prouver la mouvance.

Mr. Salvaing dans son Traité de l'usage des Fiefs ch. 10. établit la même maxime : il n'est donc pas vrai, comme l'avance le Sieur Languet, que l'obligation d'instruire le vassal soit de droit commun, & qu'elle soit marquée précisément dans le Livre des Fiefs.

Que si quelques Coutumes, comme celle de Vermandois, Reims, Meaux & Sens imposent cette obligation au Seigneur de faire connoître à son vassal les droits qui sont mouvans de lui en Fief avant que de l'avoüer ou désavoüer ; ce n'est que dans le cas d'une ignorance légitime de la part du vassal. S'il étoit question, par exemple, de l'investiture d'un nou-veau Fief, ou d'un Fief dont le Seigneur dominant auroit été long-tems en possession par la contumace du vassal, dans ce cas le Seigneur est obligé de lui communiquer son titre & de l'instruire, afin qu'il aprenne son devoir qu'il ignoroit, & qu'il n'avoüe autre Seigneur que le véritable.

C'est dans ce sens que doivent s'entendre les Coutumes qui imposent l'obligation au Seigneur de communiquer son titre, & c'est l'opinion de du Moulin dans son Commentaire sur la Coûtume de Paris *tit.* 1. *des Fiefs*, §. 8. *n.* 5.

Quæro an teneatur patronus declarare & ostendere clienti res feudales, earum fines & in quibus consistat feudum? Respondeo sic. Quod ego intelligo in feudo de novo constituto vel jam diù possesso per patronum forte est defectu vassalli, *quia novus vassallus debita obsequia & jura præstans juste petit ostendi quibus in rebus feudum consistat.*

Autre chose est *si le vassal est lui-même en possession*; car pour lors il ne peut forcer le Seigneur de lui exhiber son titre; il faut qu'il avoüe ou désavoüe avant toutes choses, à moins qu'il n'y ait un juste sujet, tel que seroit une longue absence, la perte de ses titres, ou que succedant au droit d'autrui il ignora la mouvance.

Secùs in vassallo existente in possessione qui cum ad rerum feudalium curam & custodiam teneatur non debet eamdem requirere à Patrono; & hoc nisi ex justa causa, puta propter absentiam vel instrumentorum amissionem notitia obscurata, vel si sit hæres probabiliter hæc ignorans; tunc enim tenebitur patronus facere quod sibi non noceret, imò sibi & clienti prodest: impensis tamen clientis si quas hujusmodi negotium desideret.

Aussi Begat dans l'édition qu'il nous a donnée de nôtre Coûtume, pag. 78. ne fait pas une maxime ni une regle de cette obligation du Seigneur envers son Vassal: Il dit que „ le Vassal *peut quelque fois* refuser de faire le devoir de Fief, „ lorsque le Seigneur refuse de son côté d'exhiber son titre.

Il ne dit pas simplement que le Vassal *peut* il ajoute, *quelque fois*, ce n'est donc pas toûjours; cela supose donc certains cas où il ne le *peut* pas, quand même le Seigneur refuseroit d'exhiber son titre.

2° quand cet Auteur ajoute, que c'est lorsque le *Seigneur refuse d'exhiber son titre*, cela doit s'entendre, que c'est lorsqu'il y a de la difficulté entre le Seigneur & le Vassal sur ce qui est ou qui n'est pas dû Fief, c'est sans doute dans ce sens & dans le cas d'une ignorance légitime & bien fondée, que le Seigneur de Montfort fut déclaré non recevable par Arrêt du 26. Janvier 1582. à prendre pour trouble la difficulté que faisoit le Sieur de Balleure son prétendu Vassal de faire le devoir de Fief, que le Seigneur de Montfort ne lui eut communiqué son titre; il en est de même de l'Arrêt qui fut rendu entre le Sieur Rabutin & la Dame Marquise de Nesle le 3. Juillet de la même année: cela est conforme à l'opinion de du Moulin, selon laquelle Begat remarque qu'ont été rendus ces Arrêts dont il ne raporte point les espéces.

Or le Sieur Languet ne peut pas dire qu'il soit dans aucun cas d'une excuse légitime : il y avoit quinze ans & plus qu'il s'étoit mis en possession du Fief de Syvri, lorsque Mr. le Marquis d'Antigny, après avoir épuisé tout ce que sa politesse lui avoit suggeré pour l'engager de bonne grace à faire son devoir, fut enfin forcé d'user de mainmise.

Il ne peut objecter non plus ni absence ni perte de titres, puisqu'il a produit lui-même ceux qui concernent la propriété du Fief de Sivry, qu'il ne se défend du refus qu'il fait de rendre les devoirs de Fief, que par un désaveu, & que la difficulté ne tombe pas sur ce qui peut être, ou ne pas être de son Fief, puisque les aveux & dénombremens donnez par ses auteurs, qui sont des titres communs, l'en instruisent susisament.

Il est vrai que Taisand sur nôtre Coûtume tit. 3. art. 1. note 4. dit après Chasseneuz, que c'est une excuse pertinente pour le Vassal qui n'a pas rendu la foi & hommage à son Seigneur, s'il ignoroit que le Seigneur féodal fut mort, & le Sieur Languet conclut de là que l'excuse est même plus pertinente, s'il ignoroit l'alienation & le transport que fait un Seigneur de son Marquisat, qu'il n'a pû deviner la remise qu'avoit fait du Marquisat d'Antigny feu Mr. d'Antigny le pere à Mr. son fils.

Mais 1° Taisand & avant lui Chasseneuz ont bien dit que cette ignorance de la mort du Seigneur étoit une excuse pertinente lorsque le Vassal étoit en retard de rendre les devoirs de Fief, mais non pas qu'il refusoit opiniatrement de le faire.

2° Ils veulent que cette ignorance soit légitime, que ce ne soit pas de ces ignorances grossieres, stupides & affectées : *nisi talis ignorantia fuerit crassa & supina, ut quia ignoravit illud quod communiter omnes de civitate sciebant, quia tunc bene præjudicaret. Chassen. de feudis, rubr. 3. nomb. 22. comme si le Vassal,* dit Taisand, *ignoroit la mort certaine du Seigneur féodal, que tous les Habitans du lieu sçavent & publient hautement.*

3° Cette ignorance de la part du Vassal supose la mutation du Vassal ignorant, & non du Seigneur féodal.

Or le Sieur Languet n'est dans aucun de ces cas, il n'ignoroit pas le mariage de Mr. le Marquis d'Antigny avec Mademoiselle de Commarin ; on en parloit assez publiquement dans la Province, il n'ignoroit pas non plus que feu Mr. le Marquis d'Antigny avoit abandonné à Mr. son fils le Marquisat d'Antigny par son contrat de mariage ; tous les Habitans du lieu le sçavoient & le publioient hautement : il lui en a fait lui-même ses complimens ; comment après cela ose-t-il dire qu'il n'a pû deviner une chose qu'il ignoroit ?

2° Quand il auroit ignoré que Mr. d'Antigny étoit devenu Seigneur du Marquisat d'Antigny depuis son mariage ? ignoroit-il que feu Mr. son pere l'étoit avant lui, & quelle raison peut-il donner de ce qu'il ne lui a pas rendu les devoirs de Fief lorsqu'il entra en possession du Fief de Sivry après le décès du Sieur Languet son pere ?

Il n'y a donc point d'excuse de sa part, l'ignorance où il dit qu'il étoit par le fait des Seigneurs d'Antigny n'est qu'un

E

vain prétexte : du moins devoit-il faire des protestations de les reconnoître quand il en auroit des preuves certaines, & jusques là rendre les devoirs de Fief au Roi, puisqu'il prétend qu'il est son Seigneur ; il n'avoit besoin pour le faire, ni de Titres, ni d'enseignemens ; & il est d'autant moins excu-sable que ses auteurs les ont rendu, & que depuis 1642. on compte jusqu'à dix reprises de Fief.

Qu'il ne dise donc plus qu'il ignoroit quel étoit le véritable Seigneur féodal du Fief de Sivry ; non seulement il en étoit instruit, mais encore il devoit s'en instruire : le Seigneur d'Antigny n'étoit pas obligé de le faire ; & on ne doit regarder le mépris qu'il a fait de rendre au véritable Patron l'honneur qui lui étoit dû, que comme l'effet d'une *opiniaire insolence*, dit Begat, qui mérite d'être punie dans toute la sévérité & la rigueur de la Loi.

C'en est assez sur ce vain prétexte d'ignorance, il faut à présent éxaminer si le Sieur Languet seroit mieux fondé dans les nullitez qu'il a proposées tant dans la forme qu'au fond contre la saisie faite sur lui.

Premiére nullité opofée.

La saisie a été faite en vertu d'un Débitis qui n'éxiste point, ou s'il éxiste, qui est suranné.

Réponse.

Ce n'est que par un défaut d'atention, & parce qu'on ne l'avoit pas sous les yeux qu'on a donné différentes dates au Débitis en vertu duquel la saisie a procédé ; Mr. le Marquis d'Antigny qui s'en est servi dans d'autres ocasions n'a pû le produire en original ; mais comme le Sieur Languet s'en est fait un moyen qu'il prétend sufisant pour faire annuller la saisie, on a été obligé d'en lever un *duplicata* au controlle des actes de la Chancellerie, & ce Débitis se trouve à la date du 22. Novembre 1727. en sorte qu'il est facile de reconnoître qu'il éxiste, & qu'il n'étoit point suranné lors de la saisie qui fut faite le 6. Novembre 1728.

Seconde nullité.

Suivant l'article 30. de la Coutume de Paris la saisie auroit dûe être publiée au prône de la Messe paroissiale, & en régistrée au Greffe de la Justice des lieux.

Réponse.

1° On convient que si nôtre Coutume avoit prescrit cette formalité de faire publier au prône de la Messe paroissiale la saisie féodale, & de la faire enrégistrer au Greffe de la Jus-

tice des lieux, on n'auroit pû s'en difpenfer parce que les formalitez marquées par les Coutumes doivent être obfervées à
la rigueur ; mais comme elle ne contient aucune difpofition
à cet égard, il faut s'en tenir à ce qui eft porté par le droit
générale du Royaume pour les Exploits de faifie dont les formalitez font prefcrites, & par le titre premier, & par le trente-
troifiéme de l'Ordonnance de 1667.

2°. La Coutume de Paris & les autres qui contiennent une
difpofition femblable, ne propofent la fignification de la
faifie féodale & la publication au prône de la Meffe Paroiffiale
de même que l'enregiftrement au Greffe de la Juftice des lieux,
que comme deux alternatives dont elle laiffe le choix au Seigneur, en forte que lorfqu'il a pris la voie de la fignification,
il n'eft pas obligé de fuivre encore celle de la publication
& de l'enregiftrement : cet article eft ainfi conçû.

*Et pourtant ledit Seigneur feodal eft tenu de faire notifier la mainmife
à fon vaffal au principal manoir de fon Fief, du moins à celui qui tient ledit Fief où laboure les Terres d'icelui, ou par publication generale au Prône de
l'Eglife paroiffiale dudit lieu faifi, & faire enregiftrer au Greffe de la Juftice
dudit lieu.*

Ce n'eft donc que fubfidiairement que la publication de la
faifie eft ordonnée dans la Coutume de Paris ; c'eft à dire que
ce n'eft qu'au cas qu'on ne pût faire la fignification à la perfonne du vaffal, ou à fon Procureur, ou au principal manoir
par défaut de vaffal, de Fermier, ou de manoir, que la publication au Prône *de l'Eglife parochiale* & l'enregiftrement au Greffe
de la Juftice des lieux font requis ; en forte que la premiere
efpece de notification qui fe fait par la fignification eft féparée
de celle qui fe fait par la publication & par l'enregiftrement.

Autrement il s'enfuivroit que non feulement il faudroit faire
fignifier la faifie feodale & en donner copie, mais qu'il faudroit encore en faire faire la publication au prône de l'Eglife
paroiffiale du lieu faifi ; cependant il eft certain que cela n'a
jamais été pratiqué même dans la Coutume de Paris, comme
tous fes Commentateurs en conviennent.

Et en effet comme cette Coutume ne fe propofe autre chofe
que de faire connoître au vaffal qu'il eft faifi féodalement ; à
quoi ferviroit la publication au prône ! à quoi bon l'enregiftrement au Greffe quand un vaffal eft d'ailleurs pleinement
inftruit par la fignification qui lui eft faite, foit à lui même
foit à fon Fermier, foit à fon Receveur, foit au principal
manoir du Fief faifi, & par la copie qui lui en eft laiffée ;
& feroit-il jufte de furcharger un Seigneur de Fief d'une formalité inutile, nouvelle, & qui n'eft point prefcrite par la
Coutume ?

Troifieme nulité.

Le Debitis en vertu duquel la faifie a procedé étant une
Commiffion generale, elle eft infuffifante, parce que pour faifir
feodalement il faut une Commiffion fpeciale ainfi qu'il a été

Jugé par Arrêt du 13. Mai 1530. conformement au fentiment de Mr. l'Avocat Général Talon.

Réponfe.

Il eft vrai que Mr. l'Avocat Général Talon dans fes conclu-fions lors de l'Arrêt raporté au fecond tome du Journal des audiances à la date du 14. Février 1661. dit qu'on avoit jugé *qu'une Commiffion generale n'étoit pas fufifante pour faire une faifie féodale, qu'il falloit une Procuration ou une Commiffion fpeciale pour faifir féodalement.*

Mais quelle eft la Commiffion générale dont cet illuftre Magiftrat entendoit parler ? & quand eft-ce qu'elle n'eft pas fufifante pour faifir féodalement ?

C'eft celle qui eft donnée indiftinctement pour faifir tous Fiefs ouverts, ou par le Juge du Seigneur, ou par un autre Juge particulier.

Dans ce cas là la Commiffion générale n'eft pas fufifante, il faut qu'elle foit particuliere, & que le Fief qu'on veut faifir y foit fpecifiquement déclaré, parce qu'il n'apartient qu'au Roi de donner des Commiffions générales.

C'eft dans ce fens que Mr. l'Avocat Général Talon dit qu'on avoit jugé qu'une Commiffion générale n'étoit pas fufifante pour faire une faifie féodale, qu'il faloit une procuration ou une Commiffion fpeciale, parce que dans la Commiffion, ajoute-,, t-il, il faut déclarer le Fief qu'on veut faifir & les Com-,, miffions générales pour faifir tous Fiefs ouverts ne font pas bonnes, encore dans l'efpece de la caufe s'agiffoit-il d'une Commiffion acordée par le Juge au Procureur d'Office du Seigneur qui avoit faifi.

Cette diftinction eft fondée fur la difpofition de l'article 55. de la Coutume de Nevers.

Le nouveau Seigneur pour recouvrer hommage & reconnoiffance de fes Fiefs peut par fa Commiffion, s'il a Juftice, finon par la Commiffion du Juge ordi-naire haut Jufticier du lieu, faire convoquer & apeller fes vaffaux tous ou en tel nombre qu'il lui plaît.

Coquille fur ces derniers mots *tous ou en tel nombre* fait cette remarque.

,, Cet article fait affez connoître qu'ils doivent être apel'ez
,, un à un ; felon la regle que tiennent les Officiers Royaux,
,, la Commiffion *du Seigneur* ne doit pas être générale, ains
,, particuliere pour chacun vaffal ; car, difent-ils, au Roi feul
,, apartient d'octroyer Commiffions générales.
,, Suivant ce par Arrêt que j'ai vû du 3. Mai 1530. pour
,, Me. Auguftin de Thou Avocat à la Cour, contre François
,, de Monceau Chevalier, une faifie féodale faite en vertu d'une
Commiffion générale octroyée *par le Prévôt d'Eftampes,* fut déclarée tor-
,, tionaire.

Cet Arrêt cité par Coquille eft le même dont fit mention Mr. l'Avocat Général Talon dans fes conclufions lors de l'Arrêt du 14. Février 1661. il avoit été rendu fur celles de Mr. l'Avocat

Général Lizet , qui a été depuis Premier Préfident : il eft raporté par Mr. Lemaître dans fon Traité *des Fiefs & hommage ch.* 6. qui fait à cette ocafion les mêmes obfervations que Coquille.

Me. Julien Brodeau dans fon Commentaire fur la Coutume de Paris art. 1. n. 18. en fait auffi mention , & remarque que la Commiffion générale avoit été octroyée par un Juge qui n'étoit pas Royal , & pour faifir tous Fiefs ouverts.

A toutes ces obfervations on ajoute 3° Que le Seigneur féodal peut ufer de mainmife de fon autorité privée , fans permiffion ni Commiffion du Juge.

La Coutume de Berry , titre des Fiefs art. 25. le lui permet. *Par défaut de faire les foi & hommage par le vaffal dedans le tems fus déclaré , peut le Seigneur féodal ufer d'exploit domaniaire fur la chofe féodale* par lui ou fon Commis.

Celle d'Auvergne contient une pareille difpofition ch. 22. art. 1. *Toutes & quantes fois qu'un Fief noble eft ouvert par aliénation ou autre mutation du Seigneur féodal ou vaffal, le Seigneur féodal peut par puiffance de Fief entrer en fondit Fief, & le mettre en fa main , foit qu'il y ait Juftice fur icelui ou non.*

Celle de Bourbonnois art. 367. dit la même chofe , & s'explique plus précifément art. 102. *Le Seigneur jufticier peut faire proceder par execution par fon Sergent , fans Commiffion aucune.*

Telle eft auffi la difpofition de nôtre Coutume tit. 3. art. 1. lorfqu'elle dit que *le Seigneur peut mettre fa main à la chofe mouvante de fon Fief aprés le décès de fon vaffal pour caufe de devoirs de Fief non faits . . . . . & dès fadite mainmife & ledit an & jour paffez faire les fruits fiens.*

Et dans l'art. 2. *qu'il poura* affeoir & mettre en fa main *la chofe de fon Fief.*

Et dans l'article 4. *Qu'en défaut de dénombrement non baillé , qu'il peut* mettre en fa main *la chofe que le vaffal tient de Fief & fous icelle la tenir.*

C'eft auffi le fentiment de Chaffeneuz , rubrique 3. §. 1. *verbo peut mettre fa main.*

Hic vides quod hæc faifina feu manûs appofitio fit per ipfum Dominum & ejus autoritate , & ad commodum ipfius , & fic fibi jus dicit propria autoritate.

C'eft auffi le fentiment de Me. Charles du Moulin ; cet homme incomparable qui entend fi parfaitement le Droit coutumier.

Dans fon Commentaire fur la Coutume de Paris titre *des Fiefs* 1. §. 1. glof. 3. *verbo* peut. n. 10. dit qu'un Seigneur peut de fon chef mettre la main fur le Fief de fon Vaffal fans le miniftere & fans l'autorité de la Juftice.

Ex predictis fatis liquet poteftatem prehendendi effe in mera facultate patroñi & jus in eo refidens , & illi competens jure proprio , & non judicis officio vel minifterio *cum verba hujus paragraphi ad eum* & non ad judicem *dirigantur.*

Sur le même article glof. 4. n. 11. aprés avoir raporté tout ce qu'on pouvoit dire de plus judicieux contre cette opinion

B

pour en faire voir l'injustice, en ce qu'il n'est pas permis de se faire justice à soi-même, quand bien même ou seroit fondé dans sa demande & dans ses prétentions ; il resoud neanmoins avec cette assurance que lui inspiroit sa profonde érudition, que le Seigneur le peut de son autorité privée.

His amen nonobstantibus audacter dico Dominum sûa tantum, vel privatâ autoritate manum suam injicere posse feudo aperto, sive per se sive per familiam suam privatam & extunc facere fructus suos, sicut habetur in hoc paragrapho licet nec judicis, nec apparitorum suorum autoritas vel ministerium intervenerint.

Ensuite il rapotte les raisons de son opinion, & finit par les propres termes de la Coûtume, qui sont clairs, dit-il, en se servant des termes de *mainmise*.

4°. Et fortissime probatur per textum hujus paragraphi cujus verba diriguntur ad Dominum feudi, ad merum ejus factum referuntur . . . . igitur per se ipsum vel ministerium suum privatum potest *Dominus* prehendere ; *& ubi verba Consuetudinis clara sunt nihil aliud est subaudiendum nec addendum.*

Au nombre 20. il ajoûte que ces sortes de permissions que demande en ce cas un Seigneur au Juge, *non sunt necessitatis sed urbanitatis*, & s'éleve beaucoup contre l'erreur des Officiers des Justices qui l'exigent.

Hic est error contra formam Consuetudinis, naturam & concessionem feudi quia in sequendo tenorem Consuetudinis deberet & debet mandari feudum ob defectum Vassalli & jurium prehensum poni in manum Domini.

Chopin sur la même Coutume liv. 1. tit. 2. n. 19. dit que
„ c'est chose commune, que le Seigneur qui a Jurisdiction
„ fasse saisir par son Sergent de son autorité le Fief de son Vas-
„ sal ; mais que le Seigneur qui n'a point de Jurisdiction ne
„ laisse pourtant de mettre en sa main par le moyen de celle du
„ Roi ou de la Justice de laqu'elle dépend le Fief, comme for-
„ tifiant la sienne.

Brodeau sur le même article de la Coutume de Paris n. 5.
„ dont le sommaire est, *ce que c'est saisir en sa main*, dit que suivant
„ cet article & les 28. 29. & 30. la saisie feodale, mainmise
„ & mettre en sa main sont termes sinonimes, *idem* n. 14.
„ & aprés avoir raporté grand nombre d'autoritez pour apuyer
„ cet opinion ; il ajoûte que la saisie feodale est un vrai Exploit
„ domanial, Seigneurial & feodal, dépendant de la seigneurie
„ directe du Fief qui demeure pardevers le Seigneur : *Bref,*
c'est un coup de maître par lequel le Seigneur usant de son droit de Seigneurie directe met en sa main & en sa puissance le Fief, pour en joüir & faire les fruits siens tant & si longuement que la cause de la saisie subsiste.

Aussi les Coutumes qui requiérent que le Seigneur prenne une commission du Juge en contiennent-elles une disposition expresse : telles sont celles d'Angoulême & de Meaux ; & ceux de nos Auteurs qui prétendent que le Seigneur ne peut saisir feodalement de son autorité privée sans commission du Juge, n'entendant parler que de ces saisies extrajudiciaires faites par le Seigneur lui-même ou par quelqu'uns de ses Valets & domestiques, *per se aut ejus servitorem* en vertu d'un simple Mandement signé de lui, &

fcelé du fceau de fes armes, & cela *pour éviter les périls de voye de fait* comme dit Coquille art. 9. de la Coutume de Nevers cité par le Sieur Languet page 14. & non de celles -qui fe font à la vérité fans Commiffion ou permiffion du Juge; mais au nom & à la Requête du Seigneur par le miniftere d'un Sergent Royal, ou de fa Juftice.

Et en effet que fait le Seigneur en faififfant? il s'empare d'un bien qui lui apartient, il éxerce un droit de propriétaire; il rentre dans fon héritage qu'il n'avoit aliéné que fous la foi & hommage qu'on lui refufe: n'eft-ce pas là un droit domanial dont un Seigneur peut ufer avec pleine autorité fur fes vaffaux.

Quoi qu'il en foit Mr. le Marquis d'Antigny ne s'eft point prévalu du droit qu'il avoit de mettre fa main d'autorité privée fur les revenus du Fief, & même de fe mettre dans le Fief; il a eu la modération de ne le point faire, & il n'a procédé par faifie qu'en vertu d'un Débitis qui eft une Commiffion générale à la vérité, mais acordée au nom du Roi, & qui fuplée à la permiffion particuliére du Juge qui auroit pû la décerner, *acerbum fe exactorem nec contumeliofum præbuit fed moderatum, & cum efficacia Benignum & cum inftantia humanum, L. 39. ff. de ufur.*

Quatriéme nullité.

Mr. le Marquis d'Antigny n'a pas faifi le Fief, mais feulement les fruits; ce qui eft contraire au fentiment des Auteurs, à la difpofition de nôtre Coutume, & à la Jurifprudence des Arrêts.

Réponfe.

On convient qu'Argout dans fon Inftitution du Droit François livre 2. ch. 2. dit que la faifie féodale doit être faite, non des fruits pendans par branches & par racines; on convient encore que la plûpart des Coutumes ne parlent de la faifie féodale que comme d'une efpece de faifie réelle du fond & de la chofe; mais que la fimple faifie des fruits la rende nulle, c'eft ce dont on ne convient pas.

Ce n'eft pas le fentiment de Mr. Poquet de Livoniere dans fon Traité des Fiefs livre 1. ch. 8. fect. 4. où on lit *une fimple faifie des fruits n'emporteroit pas perte des fruits*, & l'Arrêt de 1661. dont on a parlé, plus haut, & que cite le Sieur Languet, ne déclare pas la faifie nulle par ce défaut, mais parce que cette faifie avoit été faite à la Requête du Procureur fifcal en vertu d'une Commiffion générale émanée *du Juge qui n'étoit pas Royal pour tous Fiefs ouverts*, ainfi qu'on l'a obfervé après ceux qui ont donné cet Arrêt au public.

En tous cas on ne le jugeroit pas ainfi fuivant l'efprit de nôtre Coutume: Taifand fur l'article premier du titre des Fiefs note premiere, dit que la *mainmife* n'eft autre chofe *qu'une faifie des fruits* fur la chofe mouvante.

Autrefois, dit-il, par le droit des Fiefs on pratiquoit que même le fils du vaſſal mort perdoit ſon Fief s'il négligeoit d'en demander l'inveſtiture à ſon Seigneur dans l'an & jour ; mais nôtre Coutume plus humaine ne permet dans le cas de la mort du vaſſal, & des devoirs de Fief non faits dans l'an & jour, qu'une ſimple mainmiſe ou ſaiſie des fruits au Seigneur féodal ſur la choſe mouvante de ſon Fief.

Sur l'art. 3. du même titre note premiere il s'en explique en termes plus précis.

Le Seigneur féodal peut ſaiſir, comme il a été dit ci-devant, les revenus du Fief, & les apliquer à ſon profit quand le Vaſſal ne lui a pas rendu dans le tems preſcrit par nôtre Coutume les devoirs qu'il eſt obligé de lui rendre, & il peut ſaiſir les fruits du Fief, ſans pourtant les faire ſiens & ſans pouvoir en profiter quand le Vaſſal ne lui donne pas le dénombrement de ſon Fief dans le tems que la Coutume a limité.

Il n'eſt donc pas néceſſaire dans l'eſprit de nôtre Coûtume qui n'en contient aucune diſpoſition préciſe de ſaiſir le Fief ou la choſe mouvante ; il ſufit *de ſaiſir les revenus du Fief ou les fruits ſur la choſe mouvante.*

Quoiqu'il en ſoit il importe peu que la ſaiſie qui a fait l'objet de l'atention du Sieur Languet ſoit bien ou mal faite, puiſqu'il y a une demande formée en commiſe qui ôte tout fondement à la ſaiſie des fruits ou revenus ; ainſi ſans s'arrêter plus long-tems aux nullitez dont on prétend qu'elle eſt afectée dans la forme, on paſſe à quelque choſe de plus conſidérable & qui mérite plus d'atention. Ce ſont les nullitez du fond.

Premiere propoſition du Sieur Languet,

La Terre de Sivry eſt mouvante du Roi.

Réponſe.

La mouvance d'un Fief ſe doit prouver par des titres qui ſont à defaut des titres d'inveſtiture & d'inféodation, les actes de foi & hommage, les aveux & dénombremens rendus aux Seigneurs qui la prétendent ou à leurs prédéceſſeurs par les Vaſſaux prédéceſſeurs de celui qui la conteſte : elle ſe peut encore prouver par témoins lorſque les Seigneurs contendans produiſent des titres.

Or le Sieur Languet ne produit aucun acte de cette nature en faveur du Roi, ni repriſe de Fief, ni aveu, ni dénombremens.

Sur quoi donc établit-il cette propoſition ? ſur un ſiſtême bien different de celui qui réſulte des titres produits au procès ; il faut donc avant toutes choſes commencer par rétablir le fait.

On a dit que ce que le Sieur Languet poſſede en Seigneurie à Sivry eſt ce qui compoſoit dès le douziéme ſiécle le Fief ancien ſitué à Sivry, apellé le Fief d'Etienne & Loys

de Sivry, ou plus communement le Fief de la Tour de Sivry, aparemment à caufe d'une Tour qui joint la Maifon
Seigneuriale.

On a ajoûté, comme un fait important, que long-tems
avant que les Seigneurs d'Antigny euſſent aucune portion de
Seigneurie à Sivry, ce Fief étoit poſſedé par differens Vaffaux indiviſément, qui tous relevoient du Baron d'Antigny
pour les parts & portions qu'ils y avoient.

Qu'une partie de ce Fief fut vendue par ces Propriétaires
en 1498. au Sieur Arbaleſte qualifié premier Avocat du Roi,
Souverain Seigneur de Bourgogne.

Qu'en 1529. les Simon, dont l'un étoit Lieutenant au
Bailliage de Châlon vendirent à Girard de Vienne pour lors
Baron d'Antigny la moitié du Fief de Neüilly qu'ils poſ-
fédoient par indivis & tout ce que tenoit le Sieur Arbaleſte
ez lieux de Sivry, Huchey & la Palluz aux droits duquel
ils étoient.

Que l'autre partie du Fief de Sivry apartenoit pour les trois
quarts au Sieur de la Baume & aux héritiers Berthaut pour
l'autre quart.

Que Jean Brouhot aquit de Jean de Labaume en 1574. la
portion qu'il avoit dans ce Fief, membres & dépendances
dont il reprit de Fief du Seigneur d'Antigny,

Qu'en 1578. le même Brouhot se rendit Ajudicataire du
quart dans la moitié qui apartenoit aux héritiers Berthot, fur
leſquels cette huitieme portion de Fief avoit été mife en decret, ainſi que les trois quarts du Fief de Corbeton, dont il
reprit de Fief pareillement du Baron d'Antigny.

Qu'un an après le Sieur Brouhot s'étant imaginé que ces
deux Fiefs n'étoient pas de la mouvance de la Baronie d'Antigny, avoit pris des Lettres de fouffrance, pour l'enterine-
ment defquelles il avoit fait affigner, tant le Seigneur Baron
d'Antigny, que les Sieurs Avocat & Procureur du Roi au
Bailliage d'Arnay-le-Duc.

Que ceux-ci à la vûë des titres du Seigneur d'Antigny qui
font énoncez & vifez dans le procés verbal d'execution de la
Sentence qui intervint, avoient déclaré ne vouloir pas conteſter & s'étoient départis de l'inſtance.

Qu'en conféquence les Terres de Corbeton & de Sivry avoient
été déclarées dépendre & mouvoir du Fief de la Seigneurie
d'Antigny & les repriſes de Fief faites par Brouhot, bien &
dûment faites.

Qu'en 1589. le Seigneur d'Antigny vendit au même Brouhot
la portion du Fief de Sivry qu'il avoit aquis des Simon en
1529. en ce qui en apartenoit au Sieur Arbaleſte, dont il lui
fit les foi & hommage.

Que quelques années après ce Brouhot eut la mauvaiſe foi
de faire un procès au Seigneur d'Antigny en interprétation de
ce contrat de vente, prétendant qu'il lui avoit vendu tout ce
qui lui apartenoit à Sivry, non feulement comme dépendant de

G

Syvri, mais encore ce qui lui compètoit, comme dépendant d'Antigny, & notament la mouvance.

Que les Parties ayant compromis sur cette contestation les
Arbitres rendirent Sentence, par laquelle il fut ordonné que le
Seigneur Baron d'Antigny donneroit un état & une déclaration des héritages & droits de Justice, Seigneurie, rentes, cens
& autres, qu'il prétendoit être dépendans de la Baronie d'Antigny, au finage néanmoins de Sivry, & riere icelui, lesquels n'é-
toient pas compris dans la vente qu'il en avoit faite.

Que le Seigneur Baron d'Antigny ayant satisfait au Préparatoire, l'instance resta quelques années sans poursuite.

Que Brouhot & ses enfans vendirent aux Moingeon presque toutes les terres de leur Fief, franches & exemtes de
toutes charges, ne s'étant réservez que la Justice, sans avoir exprimé la mouvance.

Que ces nouveaux aquereurs ne s'étant pas présenté pour
faire les devoirs de Fief, ils avoient été assignez à Requête du
Seigneur d'Antigny, pour voir déclarer la commise.

Que les Brouhot ayant pris fait & cause en main pour eux
il y eut entre toutes les Parties Sentence arbitrale par forme
de Transaction, par laquelle les Brouhot reconnurent tenir &
posseder en Fief du Seigneur d'Antigny, à cause de sa Baronie d'Antigny, *la Tour & Maison Seigneuriale de Sivry*, les bois, terres, prez, cens, *&c.* suivant le détail qui y est fait, & qu'ils en
firent les foi & hommage.

Enfin que depuis il n'y a eu aucune contestation à ce sujet
entre les Seigneurs d'Antigny & les possesseurs du Fief de Sivry
qui tous ont fait exactement à chaque mutation de leur part
les Foi & hommage sans aucune difficulté, à la réserve du Sr.
Languet qui a crû être en droit de renouveller les contestations
à ce sujet qui ont déja été jugées entre ses auteurs & les anciens Seigneurs d'Antigny.

Voilà le fait tel qu'il a été exposé, & tel qu'il résulte des
différens titres produits au procès: voici à présent ce qu'en a
imaginé le Sieur Languet pour parvenir à sonpoint.

Il convient dans sa Requête du 5. Janvier 1731. que Sivry
dans le douziéme siécle étoit dans la mouvance de la
Baronnie d'Antigny; &, quand il n'en conviendroit pas, le
fait n'en seroit pas moins vrai, puisqu'il est prouvé par un
des Titres visez dans le procès verbal d'exécution de Sentence coté 9. *in antiquis enunciativa probant.*

Factum du
Sieur Languet
page 16. & sui-
vantes.
Il convient encore qu'en 1498. le Sieur Arbaleste aquit *la
moitié de la Terre & Seigneurie de Sivry.*
Que cette même moitié fut venduë en 1529. à Girard de Vienne par les Simon héritiers d'Arbaleste.

Mais il ajoûte qu'on ne voit pas qui possédoit alors l'autre moitié de la Terre & Seigneurie de Sivry, ni le Fief de la
Tour de Sivry enclavé dans cette Terre.

Ordre chro-
nologique p.
2. & 3.
Et dans sa remarque premiere sur la quitance du premier
Novembre 1498. il dit que Pierre de la Boissiére en vendant

à Jacques Arbalefte la moitié de la Terre & Seigneurie de Sivry lui vendit auffi la moitié ou la totalité du Fief de la Tour de Sivry y enclavée, il répete la même chofe dans celle fur le contrat du 5. Mai 1529.

Dans fa récapitulation, il dit que depuis l'aquifition faite par le Baron d'Antigny de ce que poffédoit Arbalefte à Sivry, ce Seigneur devint propriétaire, tant de cette partie que de toutes les autres, & qu'il réunit le tout à fa Baronnie; qu'enfuite il aliéna la Tour de Sivry. *Factum pag. 59.*

Il continue en difant que Brouhot en 1574. reprit de Fief du Baron d'Antigny pour le Fief de la Tour de Sivry qu'il avoit aquis de Jean de la Baume; & qu'en 1578. le même reprit encore de Fief d'une autre portion de la Tour de Sivry qu'il avoit aquife par decret fur les héritiers Berthot; qu'alors Brouhot étoit devenu propriétaire de la totalité du Fief de la Tour de Sivry, & que *cela eft clairement prouvé par le procès verbal du 16. Décembre 1579.* *Factum pag. 17.*

Que Brouhot reconnoiffant la faute qu'il avoit faite de reprendre de Fief de la Tour de Sivry comme mouvant d'Antigny, voulut en revenir & prit des Letres de fouffrance dont il fut à la vérité débouté, parce que le crédit de Jacques de Vienne l'emporta.

Que fi Brouhot aquiefca à la Sentence, ce ne fut que fous l'apas de la remife qui lui fut faite des dépens, dommages, interêts & retenuë féodale.

Il devoit ajoûter que les Sieurs Avocat & Procureur du Roi au Bailliage d'Arnay-l-Duc qui fe rendirent Parties au procès ne fe departirent de l'inftance que par connivence, ou par ignorance.

Qu'après cette aquifition faite par Brouhot de la totalité du Fief de la Tour de Sivry il ne lui reftoit plus rien à aquerir que la Terre dont il n'étoit pas encore Seigneur.

Qu'il l'aquit en effet d'Antoine de Vienne qui lui vendit tout ce qui lui apartenoit & pouvoit apartenir à Sivry avec promeffe de conduite & garentie, fans néantmoins fe réferver aucun droit de mouvance, mais feulement ce qu'il avoit vendu peu auparavant au nommé Goulié de Chafoges qu'il dit relever pour cette portion actuellement du Roi.

Qu'en conféquence de cette aquifition Brouhot fit les foi & hommage au Baron d'Antigny de cette portion de Terre & Seigneurie de Sivry qu'il avoit aquife de lui.

Que jufqu'alors Brouhot qui n'avoit pris que la qualité de Sieur de la Tour de Sivry, prit dans cet acte de reprife, ainfi que dans tous les autres poftérieurs celle du Sieur de Sivry.

Que le Baron d'Antigny fe prévalant encore de fon crédit pour fe faire des Titres & s'arroger une mouvance au préjudice du Roi, fit une tranfaction, par laquelle on ne régla pas feulement ce qui étoit en conteftation entre le Seigneur d'Antigny & les Brouhot au fujet des héritages vendus aux Moingeon ; mais encore qu'on y ftipula que les Moingeon feroient au Seigneur d'Antigny les foi & hommage des héritages par eux aquis.

Que ce Seigneur étoit convenu dans les écritures que fon Procureur d'Office fournit alors que ce que Girard de Vienne avoit aquis des poffeffeurs de ce Fief *mouvoit de la Baronie d'An-tigny de même que ladite Baronie dépend & meut du Roi.*

Qu'en 1654. la Baronie d'Antigny ayant été érigée en Marquifat dans le dénombrement que le Seigneur avoit rendu en la Chambre des Comptes, il avoit compris dans le nombre de fes arriere-Fiefs deux fois Sivry. Sçavoir *la Terre de Sivry membres & dépendances.* Et encore une fois *la Terre de Sivry à la part de la Vefvre,* fans faire mention de la Terre de Sivry à la part de Goulié.

En un mot que non feulement la portion de Seigneurie venduë à Jean Brouhot a été unie & confolidée avec la Baronie d'Antigny, mais encore les quatre quarts de la Tour de Sivry : tel eft le fait fuivant le Sieur Languet.

Mais où a-t-il pris que la Tour de Sivry étoit un Fief diftinct & féparé de la Terre & Seigneurie de Sivry , & que ce Fief y étoit enclavé ? on perfifte à lui foutenir qu'il n'y a jamais eu de Fief de la Tour de Sivry diftinct & féparé de la Terre ni enclavé fans la Seigneurie, qu'on ne doit mettre aucune difference ni aucune diftinction entre le Fief de la Tour de Sivry, le Fief de Sivry, la Seigneurie & la Terre de Sivry. Que toutes ces differentes dénominaifons qu'on trouve dans differens titres produits au procès conviennent au même Fief.

,, Nous avons acoutumé , dit Loifeau ; *dans fon Traité des* ,, *Seigneuries, ch. 4. n. 19.* d'apeller nos Terres de trois noms : ,, Terres, Fiefs & Seigneuries : noms que volontiers nous ,, mettons enfemble, dont celui de *Terre* fe refere au Domai-,, ne ou Seigneurie inutile , celui de *Fief* fe refere à la Sei-,, gneurie directe, & finalement celui de *Seigneurie* fe refere à la ,, Seigneurie publique qui eft la Juftice, de forte qu'une Terre ,, où y a Domaine directe & Juftice eft à bon titre apellé ,, la *Terre*, Fief, & Seigneurie tout enfemble.

S'il prétend que ce font deux Fiefs differens & diftinguez l'un de l'autre, qu'il le prouve, & qu'il faffe voir en quoi confiftoit le prétendu Fief de la Tour de Sivry & en quoi il étoit diftinct & féparé du Fief de la Terre & Seigneurie.

Ce n'eft pas certainement par le procès verbal du 16. Décembre 1579. car on n'y voit point cette diftinction. On lit à la vérité que le Sieur Brouhot avoit fait un *premier achat des trois quarts dudit Sivry, & fecondement de l'autre quart dudit Sivry :* il n'y eft pas dit que ce foit du Fief de la Tour de Sivry.

Et il ne faut pas dire que cela eft rélatif au Fief de la Tour de Sivry diftinct & féparé de la Terre de Sivry, puifque ce n'eft qu'une même chofe , & que le premier achat *des trois quarts dudit Sivry*, & le fecond *de l'autre quart* ne compofe que la moitié de ce Fief que poffédoit pour les trois quarts le Sieur de la Baume, & pour l'autre quart les héritiers Brou-hot.

Que fi dans quelques titres il eft fait mention du Fief de la Tour, tandis que dans d'autres il n'eft parlé que de la Terre & Seigneurie, c'eft qu'il y avoit une Tour joignant la Maifon Seigneuriale, ainfi qu'on l'a déja remarqué, & qu'on en peut juger par ce qui eft énoncé dans la Tranfaction de 1619. dans lequel les Brouhot reconnurent *tenir, porter & pof-feder du Seigneur de Vienne Baron d'Antigny à caufe de fadite Baronie la Tour & Maifon Seigneuriale de Sivry.*

On trouve même dans les écritures qui furent faites à cette ocafion pour le Seigneur d'Antigny, cotées 44. & tranfcrites dans l'extrait imprimé du Sieur Languet, pag. 9. & 10. une preuve que le Fief de la Tour de Sivry & la Terre & Seigneurie de Sivry n'étoit qu'un feul & même Fief non diftinct ni féparé ; car voici comme l'Auteur en parle.

,,   *La portion de Seigneurie de la Tour dudit Sivry* avec tout ce qui
,, en dépend, n'en eft non plus exemte (de la même fujetion
,, de Fief.)
,,   *Cette Tour de Sivri & dépendances* apartenoit autrefois à feu Etienne de Syvri, Loys de Sivry & leurs defcendans, defquels *Jean*
,, *de la Baume* Ecuyer, auroit eu *ladite Tour*, les prez, terres, *&c.*
,,   Cette Seigneurie auroit été partagée ci-devant & divifée en
,, plufieurs parties par les fucceffeurs defdits Sieurs de Sivry.
,,   Toutefois *la plus grande portion* en fonds & Domaine, étoit
,, celle *dudit Sieur de la Baume* que ledit Sieur Jean Brouhot Sieur
,, de la Vefvre aquit & le quart que ceux de Corbeton hé-
,, ritiers de Loys Berthot y avoient, tant en la Maifon Sei-
,, gneuriale qu'autres biens & Domaines.
,,   Le furplus de ladite Seigneurie de Sivry à la part de la-
,, dite Tour apartenoit au Sieur Arbalefte, *&c.*

On voit par là que le Sieur de la Baume poffedoit une par-tie de la Seigneurie de Sivry, & les Berthot l'autre dans le mê-me tems qu'Arbalefte poffedoit le furplus.

Or dès là que le Sieur Languet convient, que ce qu'aquit Girard de Vienne en 1529. des Simon, héritiers d'Arbalefte étoit la moitié du Fief de Sivry que poffedoit cet Arbalefte ; Il s'enfuit que l'autre moitié compofant avec celle du Sieur Arbalefte, le tout étoit poffedé par le Sieur de la Baume, puifqu'il eft dit dans ces écritures dont le Sieur Languet pré-tend tirer avantage, que la plus grande portion de cette Tour de Sivry & dépendance, étoit celle du Sieur de la Baume, & que le furplus à la part de ladite Tour apartenoit au Sieur Ar-balefte.

D'où vient donc, contre l'évidence du fait, le Sieur Languet dit-il, qu'on ne voit pas qui poffedoit lors de l'aquifition de Girard de Vienne l'autre moitié de la Terre & Seigneurie de Sivry, non plus que le Fief de la Tour de Sivry y enclavé ; & furqnoi a-t-il avancé que le Baron d'Antigny devint

H

propriétaire, tant de la portion qu'il avoit eû d'Arbaleste que de toutes les autres, & qu'il réunit le tout à sa Baronie, puisqu'il est prouvé que jamais il n'a eû en propriété que la moi-tié *de ladite Seigneurie à la part de ladite Tour qui apartenoit au Sieur Ar-baleste,* tandis que la plus grande portion en fonds & Domaine étoit celle du Sieur de la Baume, & que les héritiers Berthot y avoient un quart, tant en la Maison Seigneuriale qu'autres biens.

D'où vient encore ajoute-t-il que Brouhot avoit tout le Fief de la Tour, & qu'il ne lui restoit plus que la Terre à aquerir, puisque c'est le surplus de ladite Seigneurie à la part de la Tour qui apartenoit au Sieur Arbaleste, qui lui fut vendue par Antoine de Vienne.

En un mot il n'y a point de distinction à faire entre le Fief de la Tour de Sivry & le Fief de la Terre & Seigneurie de Sivry ; c'est un seul & même Fief, & quand Girard de Vienne aquit en 1529. des Simon ce que possedoit Arbaleste, il acquit la moitié des Terres & Seigneuries de Neüilly, Sivry, Huchey & la Paluz, ainsi qu'il est porté dans la quitance du 2. Novembre 1498. & quand Antoine de Vienne revendit à Brouhot en 1589. ce qu'il possedoit à Sivry, il ne vendit autre chose que ce que Girard son trisayeul avoit aquis en 1529. qui étoit cette moitié ; en sorte que Brouhot réunit en sa personne par cette aquisition le reste de la Terre de Sivry, la moitié à l'autre moitié, ou plûtôt comme on le lit pag. 19. de l'extrait imprimé du Sr. Languet : *le surplus de ladite Seigneurie de Sivry, à la part de ladite Tour apartenante au Sieur Arbaleste, à la plus grande portion de cette Tour de Sivry & dépendances qui étoit celle du Sieur de la Baume, & le quart des héritiers Berthot, tant en la Maison Seigneuriale, qu'autres biens & Domaines qu'il avoit aquis en 1574. & 1578.*

Il faut donc écarter toute idée de réünion des quatre quarts du Fief de la Tour de Sivry à la Baronie d'Antigny, & de distinction de ce prétendu Fief avec le Fief de la Terre ou Seigneurie, puisque c'est une seule & même chose, & que la Seigneurie, non plus que le Fief de la Tour n'ont jamais fait partie de la Baronie d'Antigny, encore moins du Marquisat ; car dans les Lettres d'érection qu'obtint en 1654. feu Mr. le Marquis d'Antigny, Sivry n'est au nombre que des Terres qui en relevent, ainsi que dans les dénombremens qui en ont été fournis ; & si dans ces dénombremens on y trouve deux fois Sivry, c'est que ce Fief y est compris pour les part & portions pour lesquels chaque Propriétaire vassal en relevoit anciennement avant qu'il fut réüni sur la tête d'un seul.

La confusion qui s'y trouve n'est donc point du Fief de la Tour avec la Seigneurie de Sivry, ni de la Seigneurie avec la Baronie d'Antigny, elle n'est que dans les idées que le Sieur Languet en voudroit faire prendre, tandis qu'il n'y a rien de plus simple.

En effet le Fief de Sivry, le Fief de la Tour de Sivry, la

Terre ou Seigneurie de Sivry, tout comme l'on voudra, puisque ce n'est qu'un seul & même Fief, relevoit de la Baronie d'Antigny.

Ce Fief étoit indivis entre plusieurs vassaux : quelques uns vendent au Seigneur du Fief dominant une portion de cette Seigneurie. L'autre portion, qui est la plus grande, demeure aux autres.

Ceux-ci la vendent à un seul Particulier : ce Particulier aquiert du Seigneur du Fief dominant la portion qu'il avoit précédemment aquise lui-même, pour être maître & propriétaire du tout.

Qu'y a-t-il de plus simple & de moins embarassé dans le fait? & n'est-ce pas avec raison qu'on reproche au Sieur Languet qu'il manque de bonne foi, en suposant tout ce qu'il a suposé à ce sujet par la distinction qu'il fait du Fief de la Tour de Sivry, de la Seigneurie de Sivry; & disant tantôt que c'étoient les Barons d'Antigny qui étoient Seigneurs du Fief de la Tour qu'ils avoient réunis à leur Baronie, tantôt que c'étoit Brouhot, tandis qu'il est constant en fait & prouvé par les titres, qu'ils en possederent chacun une portion.

Du reste c'est avec trop d'assurance que le Sieur Languet a affecté de dire & de répeter dans ses imprimez, que la portion de Sivry vendue à Goulié, a relevé & releve actuellement du Roi : Mr. le Marquis d'Antigny lui nie ce fait, & lui défie de faire voir que jamais Goulié ait relevé du Roi.

C'est néanmoins sur ce sistéme imaginaire de distinction du Fief de la Tour & du Fief de la Terre & de réunion de l'un & l'autre en la personne des Barons d'Antigny que le Sieur Languet prétend que ce Fief est de la mouvance du Roi.

Quand on admettroit cette distinction, quand on lui acorderoit que lors de la Sentence de 1579. Brouhot étoit seul propriétaire de la totalité du Fief de la Tour, que dans ce même tems le Baron d'Antigny possedoit la Seigneurie de Sivry qu'il avoit réunie à sa Terre par l'aquisition qu'il en fit en 1529. & postérieurement, on soutiendroit toûjours que la mouvance du moins du Fief de la Tour est dûë au Seigneur d'Antigny. En suivant le sistéme du Sr. Languet la mouvance du Fief de la Tour de Sivry seroit toûjours de la Baronie d'Antigny.

Car de deux choses l'une, ou ce Fief de la Tour que possedoit Brouhot en toute propriété & dans lequel le Baron d'Antigny n'avoit rien, relevoit de lui à cause de la Seigneurie de Sivry qu'on prétend que ce Seigneur dominant avoit réünie à sa Baronie, ou il en relevoit à cause de son Chatel & Maison forte d'Antigny.

Si c'est à cause du Chatel & Maison forte d'Antigny, le Sieur Languet n'a aucun pretexte de refuser les devoirs de Fief pour celui de la Tour de Sivry, parce que ce Fief n'a jamais été réüni à la Baronie, mais seulement la Seigneurie & que quand le Baron d'Antigny vendit la Seigneurie à Brouhot il ne lui vendit que les droits en dependans & non la mouvance de la Tour qui dépendoit de la Baronie; en forte que la Sentence de 1579. qui declare la reprife de Fief faite par Brouhot pour la Tour de Sivry bien & dûement faite refte dans toute fa force, & ne s'eft point évanouie par la réünion que ce Seigneur du Fief de la Tour auroit fait du Fief de la Seigneurie en 1589.

Si c'eft au contraire à caufe de la Seigneurie de Sivry que ce Fief de la Tour relevoit du Baron d'Antigny; dans ce cas là le Sieur Languet auroit un prétexte aparent de dire que par la confolidation qui feft faite en la perfonne de Brouhot fon auteur du Fief de la Seigneurie qu'il aquit d'Antoine de Vienne avec celui de la Tour qu'il poffedoit déja, la mouvance s'eft éclipfée, la Sentence de 1589. évanoüie, & que le Seigneur Dominant lui ayant vendu fans réferve tous les Droits dépendans de la Seigneurie, il lui avoit pareillement vendu la mouvance qui en dépendoit, ainfi que les autres.

En fuivant donc le fiftéme du Sieur Languet, le Fief de la Tour de Sivry feroit encore aujourd'hui de la mouvance d'Antigny, parce que ce Fief n'a jamais été réüni à la Baronie depuis la premiere conceffion qui en fut faite, mais feulement à ce qu'il prétend la Seigneurie, ainfi qu'il s'eft propofé de l'établir dans la propofition fuivante.

Seconde propofition du Sr. Languet.

Le Fief de la Tour de Sivry ayant été réüni au Fief dominant d'Antigny il a été dépuis la réünion de la même nature que le Fief dominant, c'eft à dire mouvant du Roi; fuivant le fentiment de tous les Auteurs, & la jurifprudence des Arrêts.

Réponfe

1° Le Fief de la Tour de Sivri, la Terre, la Seigneurie de Sivri, tout comme l'on voudra, n'a jamais été réünie au Fief Dominant d'Antigny, du moins pour le tout, parce que les Seigneurs d'Antigny n'ont jamais poffedé le Fief de Sivry en entier, ils n'ont jamais eû que ce qui en apartenoit au Sieur Arbalefte, au moyen de l'aquifition qu'en fit en 1529. Girard de Vienne; & par conféquent il n'y auroit que cette portion qui auroit pû y être réünie, d'où il s'enfuit que le Sieur Languet ne pouroit fe difpenfer de rendre les foi & hommage pour les autres portions qui apartenoient au Sieur de la Baume & aux héritiers Berthot aquifes par le Sieur Brouhot de la Vefvre.

2° Il n'eft point démonftrativement vrai que la réunion d'un Fief le rende de même nature que le Fief auquel il eft réuni; fi cette opinion a fes partifans, l'opinion contraire n'en a pas moins, ni d'une moindre autorité; il y a même plufieurs Coûtumes qui contiennent à ce fujet des difpofitions particulieres.

Celle de Laon en Vermandois, art. 260. dit que

Le Fief retenu par puiffance de Fief n'eft eftimé réüni au Fief dont il dépend ſinon que le Vaſſal l'ait employé par ſon aveu & dénombrement baillé à ſon Suzerain, comme tenu de lui en plein Fief, & n'eſt tenu ledit Seigneur re-trayant de réünir, ſi bon ne lui ſemble, ains demeure toûjours arriere-Fief pour le regard du Suzerain, comme il étoit auparavant, & le peut vendre, don-ner & aliener ſans le conſentement dudit Suzerain.

Ainſi celle de Melun art. 49.

Le Seigneur Féodal, qui par puiſſance de Fief ou autrement retire ou aquiert le Fief mouvant de lui, & l'unit à la table de ſon Fief principal, doit à ſon seigneur superieur la bouche & les mains ſeulement, & le vendant & re-tenant ſur icelui la foi, n'en doit aucune choſe au Seigneur superieur.

Celle de Clermont en Beauvoiſis, art. 95.

Item : Quand aucun Seigneur féodal achete de ſon Vaſſal aucun Fief ou Fiefs mouvans de lui, telle aquiſition ne ſe peut dire réünion, ne choſe remi-ſe à ſa table ; mais eſt réputée audit Seigneur ſon aquèt.

,, Il eſt vrai que cette Coûtume dit qu'en ce cas il eſt tenu
,, en prendre inveſtiture de ſon Seigneur ſuperieur, lui en payer
,, les droits & faire hommage, & que par ainſi icelui acheteur
,, perd dudit Fief par lui acheté ſon hommage, & ce que par
,, avant étoit arriere Fief audit Seigneur Superieur lui devient
,, plein Fief, mais elle ajoute, *pendant que ledit acheteur tiendra leſd.*
deux Fiefs en ſes mains ; car lorſqu'il voudra ſe défaire du Fief aquis l'hommage lui retournera.

Celle de Bourbonois art. 388. & 389.

Quand aucun achete un Fief mouvant de lui à cauſe d'un autre Fief qu'il tient & porte d'autre Seigneur, ou achete & décharge aucun héritage tenu à cens ou rente fonciere mouvant de ſon Fief, il eſt tenu en faire la foi & hommage au Seigneur duquel meut ſon premier & principal Fief, & ne ſont plus tels Fiefs, cens ou rentes foncieres, achetez, tenus en arriere-Fief, mais ſont tenus en plein Fief du Seigneur de qui le premier Fief eſt mouvant.

Toutesfois ledit Fief ou rente ainſi aquis peut être de rechef aliené par ledit aquereur, ou les ſiens, retenu à lui le Fief en la qualité qu'il étoit aupara-vant.

Celle du Pays & Comté de Blois, chap. 5. art. 68.

Item Si un Seigneur aquiert aucun Fief tenu de lui ou fait de ſon Fief ſon Domaine, & avant que faire la foi & hommage à ſon Seigneur dont il tient ſon principal Fief, il aliene ou met hors de ſes mains ſondit Fief ; icelui aquèt demeurera tenu en foi & hommage de lui, comme il étoit auparavant ſond. aquèt.

Celles d'Orléans art. 18. & de Montargis art. 44.

Le Seigneur de Fief peut aquerir le Fief que ſon Vaſſal tient de lui, & le joindre & unir à ſon Domaine, & n'eſt tenu en faire foi & hommage au Seigneur de qui il tient ſon plein Fief.

Art. 19. d'Orléans & 45. de Montargis.

S il les vend ou aliene avant leſdits foi & hommage faits à ſondit Seigneur, icelui arriere Fief ſera toûjours tenu en arriere-Fief dudit Seigneur féodal ſe-lon qu'il avoit été.

Du Moulin lui-même qu'opoſe le Sr. Languet, ſur l'art. 20. de la Coûtume de Paris, gloſ. 1. nomb. 68. & 69. après s'ê-tre fait toutes les objections les plus fortes, réſoud que la réu-nion ne ſe fait pas de plein droit, à quelque titre qu'en ſoit

faite l'aquifition, foit par confifcation, retrait féodale; puiffance de Fief, vente ou donation, à moins que la Coûtume ou
l'inféodation ne fuffent contraires, d'autant que les Fiefs font
patrimoniaux en France, & qu'il n'y auroit pas de juftice de
reftraindre la liberté que chacun a de joüir de ce qui lui apartient à fa volonté.

Refolvendo puto indiftinctè, quod non tenetur unire, fed poteft feparatim
poffidere, quoniam quilibet eft moderator & arbiter in re fua & feuda apud
nos funt patrimonialia & libera, nifi quatenùs aliter reperiatur difpofitum à
confuetudine loci vel fpeciali lege inveftituræ, undè non debet regulariter coarc-
tari libera facultas difponendi.

Le même fur l'art. 33. glofe 2. qui eft le 23. de l'ancienne
Coutume n. 68. fait cette diftinction.

Ou il eft évident que le Seigneur qui a aquis a voulu réünir, foit par la déclaration qu'il en avoit fait lors de l'aquifition, foit par la reconnoiffance qu'il en auroit fait du Seigneur fuzerain, ou cela ne paroit pas; au premier cas il y
a réünion, au fecond il n'y en a point; & dans le doute il
faut toûjours fe déterminer contre la réünion.

Aut apparet quod acquirens univit acquifita & incorporavit menfæ
feudi fui & loci dominantis in eadem qualitate tenenda & poffidenda
aut non apparet. Primo cafu quod eft ex fola verbis, vel factis
explicata voluntate acquirentis, puta quando expreffè declaravit fe acquirere
animo uniendi & incorporandi feudo fuo; vel fi prædia acquifita pofuit in ca-
talogo feudi inter cætera prædia feudalia & in eadem qualitate ejufdem feu-
di recognovit à patrono, & tunc jura feudalia debentur pro toto, quia totum
eft feudale & uniformis qualitas. Secundo cafu quando illud non apparet non
debentur . . . . . in dubio puto quod indiftinctè non cenfetur acquirens habu-
iffe animum faciendi dictam unionem, quia non teneturillam facere, & eft e
præjudicialis.

Coquille *fur l'art.* 30. *de la* Coûtume *de Nevers tit. des* Fiefs, *verbo*
„ *de fon* Fief *faire fon* Domaine, dit que quand le Vaffal aquiert
„ de fon fous-Vaffal, ou que l'arriere-Fief lui échet par puif-
„ fance de Fief, *il peut tenir le Fief féparé fans l'unir à fon plein Fief*
„ *pour en faire conceffion fous l'ancienne charge de Fief quand il voudra,*
„ *ou le retenir en fes mains,* pourvû, ajoûte-t-il, il eft vrai qu'il
„ en faffe déclaration expreffe dedans l'an; mais en même-
„ tems, il dit, *ou bien par déclaration tacite bien aparente, comme en*
„ *le ménageant du tout féparément par recette ou par acenfe à part & le*
„ *nommant toûjours de fon ancien nom :* car s'il n'y a déclaration ou
„ préfomption contraire, la Coûtume fait préfumer la réü-
„ nion par la joüiffance d'an & jour, même s'il en a joüi
„ conjointement avec fon plein Fief fous une même recette
„ ou acenfe, & plus bas il ajoûte que*le plus fur eft* in dubio
„ *d'en juger par les conjectures :* que *fi le Vaffal aquiert l'héritage tenu de*
„ *lui il peut le rebailler,* & que quand la Coûtume ne dit point
„ de cas certain, il en faut juger par les conjectures qui dé-
„ pendent du fait.

Ce judicieux Auteur dans l'endroit cité par le Sieur Languet de fon Inftitution au Droit François page 27. de fon

Factum ne parle que du tems auquel la déclaration de réünion doit être faite dans les Coûtumes qui l'ordonnent, & qui ne le fixent pas ; & c'eſt conformément à ces maximes qu'ont été rendus les Arréts citez par Tournet & par le Preſtre , ainſi qu'en pourra juger, quiconque voudra prendre la peine d'en voir les eſpéce raportées par le Scholiaſte de Loüet lett. F , n. 5.

Or ſuivant le ſentiment de ces deux Auteurs , dans les circonſtances du procès , il n'y a point de réünion de la portion aquiſe par Girard de Vienne du Fief de Sivry à la Baronie d'Antigny , ou dans le ſiſtème du Sieur Languet de la Seigneurie diſtincte & ſéparée du Fief de la Tour à la même Baronie.

1° Parce qu'il n'y en a point de déclaration. *Quando expreſſe declaravit ſe acquirere animo uniendi & incorporandi feudo ſuo* : il l'aquit comme une perſonne étrangere & non dans le deſſein de la réünir à la Baronie d'Antigny ; il en a joüi ſéparément & non ſous une même recette , il l'a toûjours nommé de ſon ancien nom & l'a raporté au Roi dans le tems qu'il en joüiſſoit , non pas comme un membre du Corps de la Baronie , mais comme un arriere-Fief qui étoit dans ſa mouvance.

2° Parce qu'il ne paroît pas qu'il en ait fait une reconnoiſſance au Seigneur ſuzerain ; c'eſt-à-dire qu'il ne l'a pas porté au Roi en plein Fief ; mais comme un Fief relevant de la Baronie même pour la portion qui lui en apartenoit , *ſi prædia acquiſita poſuit in catalogo feudi inter cætera prædia feudalia* & in eadem qualitate ejuſdem feudi *recognovit à Patrono.*

Au contraire il y a lieu de préſumer & de croire qu'il n'eut jamais intention de l'incorporer au Fief dominant , parce qu'il n'en avoit qu'une partie , & qu'il n'a pas aquis l'autre , quoique l'ocaſion ſe fut préſentée de le faire en ſe rendant ajudicataire du decret. *In dubio non cenſetur acquirens habuiſſe animum faciendi dictam unionem.*

Le même du Moulin en l'apoſtille ſur l'art. 260. de la Coûtume de Laon , dit que c'eſt une régle générale dans tout le Royaume que l'union de l'arriere-Fief au Fief dominant ne ſe fait pas *ipſo jure* par l'aquiſition qui s'en fait , & que c'eſt-là ſon ſentiment dans lequel il perſiſtera : *hoc generale in toto regno & mea perpetua ſententia.*

Le giand , de l'autorité duquel le Sieur Languet ſe prévaut encore , ſur l'art. 27. de la Coûtume de Troyes gloſ. 12. n. 3. eſt d'avis que la réünion ne ſe fait pas *ipſo jure* ; mais
,, qu'il faut une déclaration expreſſe : il dit que l'opinion
,, de du Moulin à ce ſujet eſt fort équitable nonobſtant l'o-
,, pinion contraire d'Argentré , qu'il ne ſert de rien de dire
,, que la même perſonne ne peut plus avoir ces deux qua-
,, litez incompatibles de Seigneur & de Vaſſal , de créan-
,, cier & de débiteur , d'autant que les Fiefs ſont plus réels
,, que perſonels , & affectent les choſes & non les perſonnes ,
,, outre qu'il n'y a point d'incompatibilité , puiſque la
,, Coûtume de Paris & autres admettent ces qualitez en une

,, même perſonne dans le cas d'une déclaration contraire ; qu'il
,, peut être de l'interêt de l'aquereur que la réünion ne ſe
,, faſſe pas, & que le Fief dominant & le Fief ſervant ſont
,, conſidérez comme Fief ſéparez ; qu'ainſi ils doivent retenir
,, leur qualité en la perſonne de l'aquereur à moins qu'il
,, ne faſſe paroître une volonté contraire.

Chopin dans ſon Traité du Domaine liv. 1. tit. 6. n. 8.
dit que tel eſt le ſentiment des Auteurs du droit des Fiefs,
il ajoûte il eſt vrai que par l'uſage de ſon tems le contraire
étoit obſervé.

Brodeau ſur l'art. 53. de la Coutume de Paris n. 13. qui a
pour ſommaire *Si l'ancien Fief aquis ou retiré par le Seigneur dominant
demeure réüni de plein droit à ſon Fief quand il n'y a point de déclaration
expreſſe au contraire*, s'explique en ces termes à ce ſujet.

*J'ai dit que l'arriere-Fief aquis ou retiré par le Seigneur dominant, demeure
réüni de plein droit à ſon Fief s'il n'y a déclaration expreſſe au contraire,
étant une regle & maxime generale que le Signeur aquereur en retrayant
par puiſſance de Fief n'eſt pas tenu réünir l'arriere Fief ſi bon ne lui ſemble,
ains le peut ten.r ſeparement comme il l'étoit auparavant quand dans les
termes de l'article 53. de la Coutume de Paris il déclare qu'il ne le veut point
réünir à ſon Fief.*

En un mot tous les Auteurs qui ont écrit avant la réformation de la Coutume de Paris en 1580. ſont d'avis que la
réünion ne ſe fait pas de plein droit, & qu'il faut une déclaration expreſſe de l'aquereur : pluſieurs Coutumes, comme
on l'a obſervé, en contiennent même une diſpoſition particuliere.

Cela étant, jugera-t-on de l'aquiſition faite de partie du
Fief de Sivry, ou de la Seigneurie ſi l'on veut en 1529. comme ſi elle avoit été faite dans un tems moins reculé, & où
la Juriſprudence auroit changé.

Il eſt vrai que Bacquet dans ſon Traité des droits de Juſtice
chap. 14. n. 11. après avoir poſé pour maxime que le Fief
ſervant étant aquis par le Seigneur dominant eſt fait de pareille
nature, cite un Arrêt dont il ne raporte point la date, qui
a confirmé une Sentence renduë par la Chambre du Domaine
le 17. Août 1573. par laquelle le Fief de la Boudrague tenu
autrefois en plein Fief, foi & hommage de la Seigneurie
d'Athis, & qui y avoit été réüni au moyen de l'aquiſition,
qu'en fit le Seigneur dominant, enſuite tombé en partage à ſes
enfans fut déclaré être tenu en plein Fief, foi & hommage
du Roi, à cauſe de ſa Chatellenie de Monl'hery.

,, Mais une circonſtance eſſencielle que le Sieur Languet n'a
,, eu garde de raporter, & qui vrai-ſemblablement fut le mo-
,, tif de l'Arrêt ; c'eſt que le Procureur du Roi du Tréſor, qui
,, avoit fait ſaiſir le Fief de la Boudrague, comme tenu &
,, mouvant du Roi, tout ainſi que la Seigneurie d'Athis, à
,, faute d'hommes, droits & devoirs non faits, remontra que
,, depuis l'aquiſition faite de ce Fief de la Boudrague juſqu'a-
,, lors, ni le Défendeur Seigneur d'Athis qui avoit fait pareil-

,, lement faifir ce Fief cotnme tenu & mouvant de ladite Sei-
,, gneurie d'Athis, ni fes prédécefleurs n'avoient été fervis ni
,, reconnus des Seigneurs de la Boudrague, d'ailleurs lors de
,, la réunion il y en eut une déclaration exprefle.

Or dans l'efpéce qui fe préfente à décider, il y a cette difference, qu'avant & après l'aquifition faite de partie du Fief
de Sivry par Girard de Vienne lui & fes fuccefleurs au Marquifat d'Antigny, en ont été fervis & reconnus jufqu'à préfent,
après avoir déja effuyé une inftance au fujet de la mouvance,
où Mrs. les Gens du Roi s'étoient rendus Parties, & dans laquelle ils déclarerent après avoir eu communication des titres
du Seigneur d'Antigny qu'ils ne vouloient plus contefter.

Quant à l'Arrêt du 18. Juillet 1654. raporté dans le premier tome du Journal des Audiances liv. 8. ch. 1. que cite
le Sieur Languet dans fa récapitulation page 60. de fon Factum; il eft à remarquer qu'il s'agiffoit au procès d'une Terre qui avoit été réünie & incorporée à un Duché & Pairie;
& qui en fut démembrée par le Duc de Chevreufe fans
le confentement du Roi; c'eft ce qu'anonce le Titre qui eft
en ces termes, que le Sieur Languet n'a pas raportez exacte-
ment.

*Que les propriétaires des Fiefs de dignité mouvàns de la Couronne ne
peuvent les démembrer, ni s'en joüer & difpofer de quelque partie que ce
foit, fans le confentement du Roi, non pas même faire revivre, &c.*

Or par l'Arrêt qui intervint fur l'opofition formée au dénombrement par Mr. le Procureur Général, on jugea que les
Fiefs de dignité étant indivifibles de leur nature, ne pouvoient être démembrez par vente ou autrement, par parcelles
fans le confentement du Roi.

,, A la différence des autres Fiefs nobles aufquels, eft-il dit,
,, les vafaux ne peuvent être contraints d'unir & incorpo-
,, rer néceffairement les fous-Fiefs féparez & divifez, fi bon
,, leur femble, & même étant réünis à leur Fief de nou-
,, veau les démembrer & féparer par vente, & les remettre
,, au premier état.

Tel eft auffi le fentiment de Brodeau fur Mr. Louet lett. F, n.
5. fur la fin, où il dit que le Fief qui avoit été réüni venant à
pafler en d'autres mains par un partage, une vente, ou autrement retourne au même état qu'auparavant.

*Il faut remarquer, dit-il, qu'au fait & en l'efpece de toutes les quef-
tions traitées en ce chapitre, l'état de la confufion bien qu'elle fe faffe de
plein droit, fans que le miniftere, la déclaration & le confentement de
l'homme foit requis, n'eft point perpetuel; que ce n'eft point une mort de
l'action, ni une extinttion & anéantiffement de l'obligation, ni une pri-
vation dont l'habitude & le retour à l'être foit interdit & exclus pour jamais, mais un fimple endormiffement facile à rompre & à diffoudre. L'action demeure comme en fufpens, tant & fi longuement que la caufe de
la confufion dure, laquelle venant à ceffer, l'effet ceffe pareillement; les chofes reprennent leur premiere nature & fe rétabliffent à leur premiere forme
& état, de manière que le Fief & la cenfive qui y avoient été rejointes &,*

réünies venans à paſſer en diverſes mains , ſoit par un partage , une vente ou autrement , l'héritage qui étoit roturier & tenu en cenſive auparavant la confuſion , retourne au même état qu'auparavant , reſtituuntur omnia ſura confuſa , & la confuſion ſe réſout par les mêmes principes qui lui avoient donné l'être.

Il apuie ce qu'il dit de quelques Arrêts qu'on peut voir dans ce ſçavant Auteur.

Troiſiéme propoſition du Sieur Languet.

Quand le Fief de Sivry depuis 1498. auroit relevé de la Baronie d'Antigny, il auroit ceſſé d'en relever depuis l'alienation faite en 1589.

Réponſe.

Cette propoſition n'eſt établie que ſur les autoritez dont le Sieur Languet s'eſt ſervi pour prouver la quatriéme , & elle n'a pour fondement que la diſtinction erronée qu'il fait du Fief de la Tour de Sivry & de la Seigneurie de Sivry.

Or il eſt ſenſible par tout ce qui a été dit à ce ſujet , & il eſt même prouvé par les titres produits au procès , que le Fief de la Tour de Sivry , la Terre ou la Seigneurie de Sivry eſt la même choſe , & qu'on ne doit concevoir qu'un ſeul & même Fief ſous ces differens noms ; c'eſt au Sieur Languet à prouver le contraire , & à établir cette diſtinction imaginaire : on lui ſoutient toûjours dans ſon propre ſiſtême qu'il n'y a point eu de réunion de la Tour à la Baronie.

Quatriéme propoſition du Sieur Languet.

Lorſqu'une Terre releve du Roi , aucun Seigneur en l'aliénant en tout ou en partie ne peut s'en réſerver la mouvance , c'eſt ce qui eſt décidé par les Ordonnances des Rois Philipes Auguſte , Philipes le Bel & Loüis XI. par la diſpoſition de nôtre Coûtume , & la Juriſpudence des Arrêts y eſt conforme.

Réponſe.

Cette propoſition dans les termes dans leſquels elle eſt conçüe eſt vraie , & on convient que lorſqu'une Terre releve du Roi , le Seigneur qui l'aliene , ne peut s'en réſerver la mouvance au préjudice de Sa Majeſté , à qui elle apartient , de même que dans la Coûtume de Paris & autres un Vaſſal ne peut aliener ſon Fief en entier , & s'en réſerver la mouvance au préjudice du Seigneur Suzerain.

Mais elle ne réſulte pas du fait , car le Fief de Sivry n'a jamais relevé du Roi immediatemenc , il ne lui a été porté dans les dénombremens que comme un arriere-Fief mouvant du Marquiſat d'Antigny.

Le Sieur Languet auroit donc dû s'expliquer autrement & concevoir ainſi ſa propoſition.

*Le Fief de Sivry ayant été réuni au Fief Dominant d'Antigny, par l'aquisi-
tion qui en fut faite par les Seigneurs d'Antigny, & ces Seigneurs l'ayant
ensuite aliéné, ils n'ont pû en prétendre la mouvance, ni exiger des Seigneurs
de Sivry les devoirs de Fief qui leurs ont été rendus postérieurement à cette aliénation.*

La proposition dans ces termes est conséquente, elle résulte
du fait; c'est là sans doute ce que le Sieur Languet a voulu dire, & c'est cette proposition qu'on va combatre.

Le principe sur lequel elle est fondée est faux : c'est la prétendue réunion du Fief Servant avec le Fief Dominant : or
comme on a fait voir qu'il n'y avoit jamais eû d'union de
la portion aquise par Girard de Vienne à la Baronie d'Antigny; que le Fief de Sivry n'a jamais été une *apartenance* du Marquisat d'Antigny, c'est-à dire qu'il n'a jamais fait partie du
corps & du Domaine de ce Fief Dominant, au moins depuis
le douziéme siécle, mais une *apendance*, en ce qu'il en a toûjours relevé, toutes les conséquences que le Sieur Languet en
veut tirer sont pareillement fausses.

Cependant comme on s'est fait une loi de ne rien négliger
dans une affaire aussi importante, on ne croit pas qu'on
puisse se dispenser de faire voir que le Sieur Languet fait une
mauvaise aplication des Ordonnances de nos Rois dont il se
prévaut, & qu'il a affecté de n'en comprendre ni le sens ni
les motifs.

Celle de Philipes Auguste du premier Mai 1210. ainsi qu'elle
est datée dans le Terrier cartulaire de Normandie, comme
l'assure Mr. Brussel dans son examen de l'ancien usage des
Fiefs page 15. n'a été faite que pour dédommager les aînez
possesseurs des Fiefs de la perte de la plus grande partie de
leurs droits seigneuriaux, par l'obligation où ils étoient pour
lors de donner en partage un Fief à leurs puînez, à condition du seul hommage, en sorte qu'ils se trouvoient privez
des services militaires, & des autres devoirs qui leurs étoient
dûs comme Seigneurs dominans; en voici l'histoire & les
motifs.

Avant le douziéme siécle les hauts Seigneurs, tels qu'étoient
les Ducs de Bourgogne, de Normandie, d'Aquitaine & de
Gascogne, les Comtes de Flandre, de Champagne & de Tou-
louse, & autres qui possedoient des Fiefs de dignité, avoient
porté si loin les prérogatives de leurs aînez, qu'ils les regar-
doient comme les seuls héritiers de leurs Fiefs, & comme les
Seigneurs de leurs freres.

On lit dans l'Histoire que *Raoul* ou *Rodolphe*, sacré &
couronné Roi de France le 13. Juillet 923. après la mort de
Robert dont il étoit gendre, succeda seul dans le Duché de
Bourgogne à *Richard* son pere, dit le *Justicier*, mort en 921. à
l'exclusion de deux freres qu'il avoit, l'un nommé *Boson*, &
l'autre *Hugues* surnommé *Lenoir*.

Que *Henry* fils aîné de *Thibaut* IV. du nom, surnommé *le Grand*,
Comte Palatin de Champagne, de Brie, de Blois, de Char-

tres & de Sancerre, lui succeda pareillement aprés son décès arrivé le 10. Janvier 1152. dans les Comtez de Champagne & de Brie, quoiqu'il eut deux freres, dont l'un nommé *Thibaut* recueillit les Comtez de Chartres & de Blois ; & l'autre nommé *Etienne*, le Comté de Sancerre qu'ils tinrent de lui en Fief, nonobstant que le Conté de Chartres & de Blois eut jusqu'alors été un Fief relevant nûement du Roi, & que celui de Sancerre fut un aveu. *Comes de sacro Cæsaris tenet sacrum Cæsaris cum omnibus feudis appendentibus à Domino Campaniæ & quidquid tenet est allodium, &c.*

Dans une Charte de *Simon* Sire de Châteauvilain du mois de Mai 1208. dont fait mention Mr. Brussel page 870. il est porté qu'il y a eu Procès entre lui & défunt *Thibaut* Comte de Champagne, sur ce que ce Comte vouloit qu'il prit de lui & en tint ligement Châteauvilain, que lui *Simon* reconnoissoit être dans la mouvance du Seigneur de Champagne, mais qu'il vouloit au contraire prendre & tenir de *Simon* Sire de Commerci son frere aîné, & qu'enfin il a pris le Château ligement dudit Comte Thibaut, en compensation dequoi ce Comte lui a dû assigner trente livres de terres annuelles. *Tandem Castrum illud cepi ligie de prædicto Comite Theobaldo in cujus rei compensationem jam dictus Comes mihi triginta libratas terras annuatim debuit assignare.*

Cette Loi en faveur des aînez qui avoit lieu, comme on vient de l'observer, dans la Bourgogne & dans la Champagne a eu lieu pareillement dans toutes les autres Provinces du Royaume, comme il sera aisé d'en juger par la suite, & parce qu'en a remarqué l'Auteur du nouveau Recueil des Ordonnances de nos Rois dans sa sçavante Préface sur cet ouvrage.

Le Roi Lothaire, dis-il, & apres lui les premiers de nos Rois de la troisiéme race, ayant heureusement reformé l'usage de partager le Royaume entre les enfans du dernier Roi décédé, usage qui avoit été si funeste à la France pendant les deux premieres races, les Seigneurs prirent pour modele ce qui venoit de se passer à l'égard du Fief dominant, c'est à dire à l'égard de la Couronne ; & ils porterent si loin les prérogatives des aînez qu'on les regarda pendant quelques tems comme les seuls héritiérs dans les successions feodales, & comme les Seigneurs de leurs freres.

Mais la rigueur de ce droit ayant paru trop odieuse, elle fut adoucie dans la suite par divers temperamens favorables aux puînez.

„ Un de ces tempéramens, comme le remarque Pierre de „ Fontaines dans son livre dédié à la Reine Blanche peu de „ tems après le regne de Philipes Auguste liv. 3. chap. *des* „ *tenures*, & peut-être le plus ancien, dit Mr. de Lauriere, „ fut d'obliger l'aîné de donner en partage un Fief aux puî nez à condition néanmoins qu'ils lui en feroient hommage.

„ Ce tempérament, ajoûte ce dernier Auteur, étoit en quel „ que façon avantageux aux aînez, si l'on en croit Ducange, „ parce qu'ils avoient plus de vassaux ; mais d'un autre cô „ té il remarque qu'il leur étoit très préjudiciable, en ce que „ leurs mouvances immédiates étoient par là comme anéan-

„ ties à leurs égard, puifqu'ils perdoient une grande partie
„ de leurs droits feigneuriaux.

En effet l'aîné avoit cet avantage d'avoir un plus grand
nombre de vaffaux par le partage de fon Fief entre fes puînez qu'il garantiffoit fous fon hommage envers les Seigneurs
fuzerains, en forte que rendant feul les devoirs pour toutes
les portions de fon Fief, il paroiffoit auffi en être le feul
Seigneur.

Mais d'un autre coté il y perdoit, en ce qu'il les aquitoit
des reliefs ou réachats, & des autres droits féodaux ordinai-
res tels qu'étoient les gants, les fonnettes d'épreviers, les
éperons, le ronçin de fervice, &c. fans que les puînez y fuffent fujets à leurs égard.

„ Auffi, continue de Lavriere, ils ne furent pas long-tems
„ fans reconnoître le préjudice que ce partage de Fief entre
„ leurs puînez, leurs caufoit, & ce fut ce qui donna lieu
„ à l'Ordonnance du mois de Mai 1210. par laquelle le Roi
„ Philipes Augufte établit *à l'exemple des autres Seigneurs de fon*
„ *Royaume*, une regle plus équitable fur cette matiére.

Il voulut qu'à compter du premier Mai, quand il fe feroit
le démembrement d'une Terre noble par la voye du partage
entre cohéritiers, ou d'une autre maniére, tous ceux qui fe
trouveroient avoir des portions de cette Terre, les tinffent immédiatement en Fief du fuzerain du chef-lieu comme un feul
la tenoit en totalité de lui avant la divifion. Philipes Au-
gufte fait une
Conftitution
pour rémédier
à l'inconvé-
nient du parage

Quidquid tenetur de Domino ligè vel aliomodo fi contigerit per fuccef-
fionem hæredum, vel quocumque alio modo divifionem indè fieri, quo-
cumque modo fiat, omnis qui de illo feodo tenebit de Domino feodi pri-
cipaliter & nullo medio tenebit, ficut & anteà tenebat priufquam divifio fac-
ta effet.

Et que toutes les fois qu'il devra être fait le fervice au Séi-
gneur pour la totalité de ce Fief, chacun de ceux qui en tien-
droient des parts fuffent tenus d'en aquiter le fervice à pro-
portion de fa part, comme auffi d'en rendre le rachat & toute la Juftice.

Et quandocumque contigerit pro illo totali feodo fervitium Domino fieri
quilibet eorum fecundum quod de illo feodo tenebit, fervitium tenebitur exhi-
bere & illi Domino defervire & reddere rachatum & omnem juftitiam.

On a dit que le Roi Philipes Augufte avoit fait cette Conftitution à l'exemple des autres Seigneurs du Royaume, parce
qu'on trouve en effet dans l'Hiftoire des preuves de différentes Conftitutions faites par différents Seigneurs qui reglent la
fucceffion aux Fiefs dans l'étenduë de leur territoire. Il fuivit en
cela l'exemple
des Seigneurs
de fon Royau-
me.

On lit qu'en 1103. *Guillaume* Seigneur de Montpellier donna
un Fief héréditaire à *Remond* & à *Bernard Guilliaume* fes proches
parens la Vignerie de Montpellier, avec un Châtelet, & un
Domaine confidérable qu'il y atachoit, voulant qu'il fut libre
à *Bernard Guilliaume* (car Remond étoit Evêque) de divifer le
Fief entre fes enfans, ainfi qu'il aviferoit, en forte néantmoins
qu'un de fes fils auroit la Viguerie avec le Châtelet ; que fi Bruffel pag.
91. & 886.

L

ce fils mouroit fans enfans légitimes, *Bernard* pouroit donner la Viguerie avec le Châtelet à celui ou à celle qu'il voudroit, à charge que celui-là ou celle-la qui auroit le Châtelet
& la Viguerie en feroit l'hommage au Seigneur de Montpellier
& lui jureroit le Châtelet & la vie, & les membres, & tout
fon honneur; mais que tous les autres enfans de *Bernard Guillaume* qui auroient des portions de l'honneur du Fief du Seigneur de Montpellier feroient l'hommage à celui qui auroit la
Viguerie avec le Châtelet.

On voit encore par la celebre Affife de *Geoffroi* Duc de
Bretagne en l'an 1185. dont d'Argentré fait mention dans
fon Commentaire fur la Coûtume de cette Province, que
nulle partage ni divifion ne fe devoit faire des Baronies &
des Fiefs de Chevaliers, mais que la Seigneurie du tout devoit apartenir aux aînez, à la charge de donner aux puînez
de quoi fe pouvoir honnêtement entretenir.

Comme la divifion des Terres Nobles entres freres dans
la Bretagne tourne ordinairement au grand détriment du
Pays, je *Geoffroi* fils de Henry II. Roi d'Angleterre, Duc de
Bretagne & Comte de Richemond défirant pourvoir au bien
de la patrie, & fatisfaifant à la demande des Evêques & de
tous les Barons de Bretagne, ai fais par le commun confentement une Affife & acordé ce qui fuit.

*Cum in Britannia fuper Terris inter fratres dividendis detrimentum pluri-
mium Terræ foleat, evenire ego C. Henrici Regis filius, Dux Britanniæ &
Comes Richemontius utilitati Terræ providere defiderans, petitions Epifcoporum
& Baronum omnium Britanniæ fatisfaciens communi affenfu affifiam feci &
conceffi.*

Que dans les Baronies & les Fiefs de Chevaliers il ne fe
fera plus de partage, mais que le fils aîné aura entierement
le Domaine, & que les aînez pourvoiront à la fubfiftance de
leurs puînez, & leur fourniront honorablement le néceffaire
autant qu'ils le pourront.

*Quod in Baroniis & feodis militum ulterius non fierent divifiones fed
major natu integrè obtineret dominiacum & junioribus fuis majores provi-
derent & invenirent honorifice neceffaria juxta poffe fuum.*

Baudoüin Comte de Flandres & de Hainaut, depuis Empereur de Conftantinople, fit pareillement en 1200. des Loix
particulieres pour la fucceffion aux Fiefs dans le Hainaut,
lefquelles font raportez dans le Tréfor des Anecdotes du P.
Martene tome 1. pag. 769.

Quoiqu'il en foit de ces Loix particulieres, il eft aifé de
juger quelle fut l'ocafion & les motifs de celle que fit le Roi
Philipes Augufte à l'exemple de ces Seigneurs par les termes
dans lefquels elle eft conçûe: il eft fenfible qu'elle n'eut point
d'autre caufe que la divifion des Fiefs dans les partages entre cohéritiers, *quidquid tenetur de Domino ligié vel alio modo fi contigerit per fucceffionem hæredum vel quocumque aliomodo divifionem inde fieri.*

Comme le parage dit Mr. Bruffel p. 873. alloit à priver

„ les hauts fuzerains de prefque toutes leurs mouvances immé-
„ diates , ce qui eft la feconde fource du grand nombre
„ d'arriere-Fiefs que nous avons aujourd'hui , ce fut pour
„ obvier à cet inconvenient que le Roi Philipes Augufte fit
„ le premier jour de Mai de l'an 1210. la Conftitution dont
„ nous avons déja eu ocafion de parler.

On en peut encore juger par ce qui eft raporté dans un ancien Arrêt du Parlement de Paris rendu en 1254. dont fait mention Pithou fur la Coûtume de Troyes article 14. *verbo poura ledit aîné*, & où l'on trouve en entier cette Ordonnance tranfcrite. Voici les termes de cet Arrêt.

Epifcopus Beluacenfis dicebat quod Rex Philippus tempore fuo ftatuerat quod de partibus Terræ quas fratres fratribus , vel fororibus faciebant non ad ipfos fratres qui partes faciebant fratribus vel fororibus fuis homagia dictarum partium veni-bant , fed ad Dominos de quorum feudo ipfi fratres antè nati tenebant dictas partes quas faciebant.

Cela étant , quel raport peut avoir cette Ordonnance de Philipes Augufte avec l'efpece de cette caufe , puifqu'il n'y a eu entre cohéritiers , ni partage , ni divifion de la Baronnie d'Antigny , c'eft-à-dire des Parties qui en compofent le corps & le Domaine , ni même aliénation à des étrangers.

Cette Baronnie étoit compofée , comme encore aujourd'hui le Marquifat , des Villages d'Antigny , Foiffy , Veilly , Chafoge & Neuilly , & en relevoient une infinité d'autres du nombre defquels eft Sivry.

Si le Baron d'Antigny avoit , ou donné en partage , ou à quelqu'autre titre à fes puînez , l'un des Villages qui compofoient le corps de la Baronie , fuivant la difpofition de cette Ordonnance , fupofé qu'elle eut eu lieu dans la Province , ceux qui y auroient eu part l'auroient tenu du chef Seigneur , qui eft le Roi , comme le feul en tenoit la totalité avant la divifion. *Quiquid tenetur de Domino ligiè vel alio modo fi contigerit per fucceffionem hæredum vel quucunque alio modo divifionem indè fieri omnis qui de illo feodo tenebit de Domino feudi principaliter & nullo medio tenebit ficut unus antea tenebat priufquam divifio facta effet.*

Mais fi l'un de ces Villages ainfi divifé en eut relevé quelqu'autres , par exemple que le puîné eut eu Neuilly , & que de Neuilly eut relevé Sivry , il eft certain que Sivry feroit toujours refté dans la mouvance de Neuilly , & que les Seigneurs de ce Fief auroient rendu les devoirs de Fief à celui à qui Neuilly auroit été donné en partage.

C'eft dans cet hipotefe que pouroit fe faire l'aplication de cette Ordonnance du Roi Philipes Augufte , & non dans celle qui fe préfente à décider , puifque Sivry n'a jamais fait partie du Domaine d'Antigny que comme une dépendance , & que le Baron d'Antigny en aliénant la portion qu'il avoit aquife des ayans droit d'Arbalefte , n'a ni divifé ni démembré le corps de fa Baronie.

Quoiqu'il en foit de cette Ordonnance , dont plufieurs 'Auteurs ; autres que ceux citez par le Sieur Languet , font men-

tion ; entre autres Loiſel dans ſes Iuſt. coutumieres livre 4:
tit. 3. des Fiefs art. 71. qui s'eſt trompé lorſqu'il a dit que
c'étoit la premiere des Rois de la troiſiéme race ; & quelque
ſens qu'on lui donne il eſt certain qu'elle ne fit point loi dans
tout le Royaume, comme le remarque de Lavriere dans ſa
Préface, mais ſeulement dans quelques Provinces immediatement ſoumiſes au Roi, encore n'y fut-elle pas pleinement
executée ; en ſorte qu'il demeura toûjours au choix du puîné
de reconnoître pour ſuzerain immédiat de la Terre qui lui
étoit échuë en partage, ou ſon frere aîné, ou bien le Seigneur
dont cette Terre avoit juſqu'alors relevé nûement.

Qu'elle ne fit point loi dans tout le Royaume ; la preuve
en eſt certaine par les exemples que l'Hiſtoire nous fournit ;
car on y remarque qu'elle n'eut point lieu dans la Champagne : ce n'eſt pas que le Roi ne ſolicita fort la Comteſſe Blanche, qui avoit le Bail & l'adminiſtration de la Champagne
& de la Brie, d'y ſouſcrire ; mais cette Comteſſe le refuſa
conſtament, & fit elle-même en l'année 1212. par l'avis
commun, & du conſentement de tous ſes Barons & vaſſaux,
un établiſſement ou loi pour le partage des Châteaux & Mai-
ſons fortes entre filles arrivant le cas où un Noble mouroit
ſans laiſſer d'hoir mâle.

Douze ans après il en fut fait un autre par Thibaut le poſt-
thume Comte de Champagne, beaucoup plus étenduë que la
premiere, toûjours du conſentement & de l'avis des Barons
& Châtelains de Champagne, pour régler la maniere dont les
enfans mâles des Châtelains & des Barons partageroient entre
eux leurs Fiefs, & quel avantage l'ainé auroit par deſſus le
puîné.

On trouve que la Terre de Sailly qui relevoit nûement du
Comté de Champagne au tems du douziéme ſiécle étant échûe
en partage au commencement du treiziéme à *Guy* de Joinville
fils puîné de Geoffroy Sire de Joinville : ce *Guy* l'a tint en
parage de *Simon* Sire de Joinville & de Vaucouleur ſon frere.

De même Vaucouleur ayant été donné dans la ſuite à un
fils puîné de *Simon*, Sire de Joinville, cette Terre commença
dès lors à relever immediatement des Sires de Joinville, en
ſorte que le Roi Philipes de Valois qui avoit interêt que Vau-
couleurs relevât nûement de lui, parce qu'il poſſedoit le Comté
de Champagne fut obligé d'en aquerir en 1324. la mouvance
immédiate d'*Anſeau* Sire de Joinville & de Rinel.

Ce que dit Othon de Friſinge dans la vie de l'Empereur Fre-
deric, *lib. 2. de reb. geſt. Freder 1. imperat. cap. 29.* parlant de l'ancien uſage où les puînez étoient ſoumis aux aînez & en dépendoient entierement, eſt encore une preuve que cette Conſtitution
du Roi Philipes Auguſte ne faiſoit point loi dans tout le Royaume, même dans la Bourgogne, quoique Eudes, Duc de
Bourgogne y eut été préſent, & qu'elle eut été faite de con-
cert avec lui.

Mos in illa (nempè Burgundionum Provincia) qui pene in omnibus Galliæ

provinciis servatur, remansit quo semper seniori fratri ejusque liberis seu mâ-
ribus seu fœminis paterna hæreditatis cedat autoritas cæteris ad illum tanquam
ad Dominum respicientibus.

On a ajouté que cette Constitution n'avoit pas même été pleinement executée dans les Provinces immediatement soumi-ses au Roi, c'est ce que prouve ce qui est dit dans le chap. 44. du livre premier des établissemens de St. Loüis de l'an 1270.

Quand aucuns hoirs a tenu grand piéce en parage, & cil de qui il tient
requert que il li fasse hommage, oy ce, se non, ce que il li doit fere, li fa-
ce, cil si doit montrer que il ait entre eus deus tel parage que leurs enfans ne s'en-
trepuissent avoir par mariage, & se il n'ali puet montrer le lignage, il li fe-
ra hommage par droit, & li sires ne li puet asseoir que un ronçin de service
pour ce qui li fiez est issu de parage.

Ce chapitre ou article des établissemens du Roi St. Loüis est confirmé par cet autre chapitre, qui est le 74. de leur mê-me premier livre.

Se aucuns avoit tenu en párage longuement, & cil de qui il auroit tenu
diest, je ne vvel que vous teingniez plus en parage de moi, se vous ne me
montrez le lignage, & si l'autre dit: je vous le montrerez, il li doit mettre
terme pardevant soi pour le parage conter, & cil li doit montrer & conter dont
il est issu, le lignage de degré en degré. & se ils se treuvent si près que eus
ne s'entrepuissent avoir par mariage, & li uns soit homme & li autres soit fa-
me, il remaindra en paraige, & se s'il ne l'exerçoit, il jurera seur Sains que il
a conté loiaument le Lignaige à son escient, & quand il aura fait le serement
il remaindra en paraige, & se il n'osoit fere le serement, il li feroit homage, &
quand illi auroit fet hommage, li Sires ni poroit asseoir que un roncin de service.

Ces deux chapitres font bien connoître que l'ancien usage suivant lequel les puînez tenoient de leurs aînez en parage leurs Fiefs, ne fut pas aboli dans les Provinces immédiate-ment soumises au Roi par l'Ordonnance du premier Mai 1210, & qu'au contraire il continua d'y avoir lieu.

,, Tout ce que fit S. Loüis fut de reculer l'effet du parage,
,, qui tendoit à faire perdre au haut Seigneur la mouvance
,, immediate de la Terre possedée par un puîné, en ordonnant
,, que cette Terre ne seroit réputée relever de l'aîné que quand
,, elle auroit tellement fait souche dans la famille, que les
,, descendans de la branche puînée se trouveroient n'être point
,, dans le cas de la prohibition de mariage entre eux & les
,, descendans de la branche aînée.

Cela est encore prouvé par un Arrêt de Réglement en 1277. de l'Echiquier de Normandie (Province immédiatement sou-mise au Roi, qu'il avoit confisquée en 1204. avec celles du Maine, d'Anjou, de Touraine & de Poitou, & ensuite con-quises sur le Roi d'Angleterre) par lequel on voit que Guil-aume de Vernon Chevalier, s'étant plaint en l'Echiquier de ce que certaines choses démembrées des Terres qui étoient de sa mouvance venoient d'être saisies au nom du Roi par le Bailli de Cottantin, il fut dit que nonobstant que le Bailli de Cottantin eut saisi le premier au nom du Roi lesdites

M

chofes démembrées , il feroit libre audit Guillaume de Vernon; & femblablement à tous les autres Seigneurs de pourfuivre un Jugement au fond à cet égard ; & cependant permis à eux de faifir de leur côté les choses qui avoient été démembrées des Terres relevantes d'eux.

De Domino Guillelmo de Vernone, Milite , petenti quod Baillivus Conftan-cienfis amoveret manum fuam de rebus demembratis de feodis fuis & quod ipfum gaudere permitteret fecundum ordinationem Domini Regis fuper hoc factam , nonobftante quod dictus Baillivus in dictis rebus manum fuam pofuerat antequam dictus Miles ; concordatum fuit quod licet dictus Baillivus vel alii Domini Regis fervientes manum fuam pofuerint in rebus demembratis antequam Dominus Guillelmus vel alii Nobiles Normaniæ, dictus Guillelmus & alii Nobiles finationem fi voluerint accipere , poterunt & manum apponere.

Enfin Charondas fur l'article 18. de la Coutume de Paris, ,, dit qu'il a vû en plufieurs titres que les puînez ont tenu ,, de l'aîné, comme font encore leurs fucceffeurs les parts & ,, portions des Fiefs qu'ils avoient partis avec icelui , & il ,, fait mention d'un ancien Arrêt qu'il dit avoir vû dans les ,, mémoires d'un Confeiller au Parlement de Paris , portant ,, qu'il feroit informé par turbes au Châtelet fur la maniere ,, d'ufer pour la mouvance des parts des puînez dans le Fief ,, partagé , fi elles relevoient de l'aîné ou du Seigneur do- ,, minant & fuperieur.

En un mot Mr. de Lavriere dans fa Préface fur les Ordon- nances , nous affure que nonobftant la Conftitution du Roi Philipes Augufte on fuivit toûjours l'ancien Droit , & qu'il nous en refte encore des veftiges dans quelques unes de nos Coutumes où les puînez ont le choix de relever du Seigneur ou de leur aîné qui les aquite , comme le dit Loifel *Inftit. cout. liv. 4. tit. 3. regle 72.* de la foi pour le tout envers le Seigneur commun ; & en effet cela eft ainfi porté par la Coutume de Troyes art. 14. par celle du Mans ch. 1. art. 5. de Senlis art. 132. d'Amiens art. 79. & autres

Il eft vrai que cet Auteur dans fes Notes fur cette Ordon- nance , dit bien qu'elle fut faite pour avoir lieu dans les Domai- nes des Seigneurs particuliers qui y fignerent , d'où l'on pou- roit conclure qu'Eudes de Bourgogne y ayant affifté , l'auroit fignée , & qu'elle doit avoir lieu dans cette Province.

Cependant 1° Othon de Frifinge nous affure que l'ancien ufage, contraire entierement à la difpofition qu'elle contient, s'obfervoit dans la Bourgogne *Mos in illa , &c.*

2° Le Roi n'avoit point le droit d'établir des Coutumes ni des Loix dans les Terres *de la domination de leurs Seigneurs* , ainfi que l'affure Mezeray , *qu'elles n'euffent été aprouvées par l'Affemblée generale qu'on nomma Parlement.*

Quand li Rois fefoit aucun établiffement efpeciaument en fon Domaine ; dit Baumanoir dans le chapitre 48. de fes Coutumes de Beau- voifis pag. 265. *Li Barons ne laiffoient pas pour che à ufer en leurs Terres felon les anchiennes Coutumes.*

,, En effet on ne trouvera point , dit Mr. Bruffel dans l'e-

„ xamen qu'il a fait de l'ufage générale des Fiefs en France
„ liv. 2. ch. 23. que dans le 10. le 11. & le douziéme fié-
„ cles il ait été établi par nos Rois, non pas même par l'a-
„ vis de *l'affemblée générale*, aucune Loi ou Coutume qui dut
„ avoir auffi lieu dans les Terres des hauts Seigneurs, &
„ l'on voit au contraire que plufieurs d'entre ces hauts Sei-
„ gneurs firent en toute liberté des Loix particuliéres pour
„ leurs Terres dans l'onziéme & le douziéme fiécle, entr'au-
„ tres Guillaume le Batard Roi d'Angleterre & Duc de Nor-
„ mandie fit dans une affemblée de fes Barons en 1080. quel-
„ ques Loix pour ce Duché, c'eft ce qui s'apelle le *Concile*
„ de *Lillebone*. Henry II. fit de même dans le douziéme
„ fiécle plufieurs Reglemens pour ce *Duché*, par fes Lettres
„ Patentes en forme de Charte, en faveur de tous les Or-
„ dres de Normandie environ l'an 1155. Geoffroi Comte
„ de Bretagne en fit auffi dans le douziéme fiécle, par le
„ célébre *Affife* qu'il tint en 1185. pour la fucceffion aux prin-
„ cipaux Fiefs de la Bretagne dont on a parlé plus haut ;
„ & il ne paroit point que cette Affife ait eu befoin de l'auto-
„ rifation, foit du Roi, foit du Duc de Normandie dont
„ la Bretagne relevoit. Le Comte de *Hainaut* fit pareillement
„ en l'an 1200. des Loix pour la fucceffion aux Fiefs de
ce Comté. Blanche Comteffe de *Champagne* & Thibaut le Pof-
thume en firent auffi és années 1212. & 1224. pour la fucceffion aux Chateaux & Seigneuries de cette Province, &
par le commencement du la Conftitution de l'an 1210. tou-
chant le démembrement des Fiefs par le partage qui s'en fai-
foit entre cohéritiers ; on voit affez qu'elle ne fut point faite
pour avoir lieu dans tout le Royaume, & que ce ne fut qu'u-
ne efpece de convention entre le Roi & quelqu'uns des hauts
Seigneurs, laquelle ne devoit avoir lieu que pour leurs propres Fiefs.

Philippus Dei gratia Francorum Rex , Odo Dux Burgundiæ , Henricus Comes Nivernenfis , Renaldus Comes Bolonenfis , Guillelmus Comes S. Pauli , C. de domna petra & plures alii magnates de Regno Franciæ unanimiter convene-runt, & affenfu publico firmaverunt, ut à primodie Maii in pofterum ita fit de feodalibus tenementis , &c.

On en peut encore juger par les précautions que le Roi
étoit obligé de prendre en ces tems là pour entreprendre de
faire une Ordonnance qui dut également avoir lieu dans les
Terres des hauts Seigneurs, & pour s'affurer qu'elle y feroit
exécutée.

Quand li établiffement étoient généraux, dit Baumanoir dans l'endroit ci-devant cité, *il devoit coure par tout le Royaume.*

„ Quand les Rois feaifoient une Ordonnance ou un établif-
„ fement pour fes Domaines, dit Mr. de Lavriere, il l'adreffoit
„ à fes Officiers pour le faire publier & exécuter ; mais lorf-
„ que l'établiffement étoit pour tout le Royaume & pour
„ le bien public, il l'adreffoit à fes Officiers, & l'envoyoit
„ aux grands Barons, avec ordre & injonction de le faire
„ publier & obferver dans leur Domaine, ainfi qu'on le peut

„ voir par les Mandemens qui se trouvent à la suite des „ anciens établissemens faits pour tout le Royaume. *Hæc autem statuta servabimus & faciemus servari in terra nostra & Barones nostri in Terris suis.*

Hæc autem in perpetuum volumus illibata servari à nobis & hæredibus nostris, & Barones nostri similiter concesserunt, se & hæredes suos hoc perpetuò servaturos.

Ainsi le Roi S. Loüis fit jurer & souscrire son Ordonnance du mois de Décembre 1230. intitulé *Stabilimentum judæorum* par tous les grands Barons, & il leur fit promettre en même tems qu'au cas que quelques Barons du Royaume refusassent de la recevoir, les Barons aquiesçans seroient tenus de se joindre à lui pour les y forcer ; & que s'il se trouvoit quelques Seigneurs rebelles dans le territoire d'un grand Baron, le Roi & ses autres Barons prêteroient secours à ce Baron pour contraindre ces Seigneurs rebelles à la garder.

Et si aliqui Barones noluerint hoc servare, ipsos compellemus ad quod alii Barones nostri cum posse suo bona fide juvare tenebuntur ; & si aliqui (Domini) in Terris Baronum invenirentur rebelles, nos & alii Barones nostri juvabimus ad compellendum rebelles ad prædicta statuta servare.

De tout ce qui vient d'être observé, il s'ensuit que la Constitution du Roi Philipes Auguste n'ayant été ni adressée ni publiée en Bourgogne, elle n'a été faite que pour avoir lieu dans les Domaines qui étoient sous l'obéissance du Roi, & tout au plus entre les Seigneurs qui la souscrivirent pour la succession de leurs Fiefs.

Au surplus, c'est une ancienne Ordonnance qui est abrogée, comme le remarque dans sa Préface l'Auteur plusieurs fois cité, lorsqu'il dit que quand le puîné aliénoit sa portion de Fief à une personne étrange, quoiqu'il paroît que dans ce cas là la mouvance eut dû retourner au Suzerain de la Terre dont cette portion avoit été démembrée, d'autant que la Constitution du premier Mai 1210. l'avoit ainsi prescrit ; néanmoins l'usage s'introduisit que l'hommage de ces portions des puînez seroit fait par l'aquereur à l'aîné de la famille, ou à ses representans ; & l'Auteur du nouvel examen de l'usage generale des Fiefs dans le dix, le onze & le douziéme siécles, dit qu'il s'en trouve un exemple dans l'aveu & dénombrement de la Baronie d'Esneval en Normandie, qui fut fourni au Roi le 20. Avril 1409. par Marguerite d'Esneval.

C'est aussi par cette raison que cette Constitution n'a point été inferée dans le corps des Ordonnances, c'est à dire dans la compilation qui en a été faite par les Auteurs, de l'autorité du Roi, en tout cas elle ne peut avoir lieu dans le sens que veut lui donner le Sieur Languet, l'usage est contraire dans toute la Bourgogne, & les differentes dispositions des Coutumes au sujet de la réünion du Fief servant au Fief dominant, & du dénombrement des Fiefs, prouvent clairement que cette prétenduë Ordonnance n'a jamais eu force de loi dans le Royaume.

Quant à celle du Roi Philipes le Bel mort en 1314. il s'en

Gentilhommes & ceux qui faisoient profession des armes qui pouvoient posséder des Fiefs.

Li Fiefs doient être à Gentixhoumes par anchienne Coûtume, dit Philipes de Baumanoir ch. 48. de ses Coûtumes de Beauvoisis: les non Nobles ne le pouvoient, non plus que les gens de mainmorte, parce qu'ils ne pouvoient les uns ni les autres rendre les services militaires qui étoient dûs au Seigneur.

Il faut encore observer que les Fiefs dans leur origine n'étoient qu'à vie, ce n'étoient que de simples bénéfices, comme parlent les Auteurs, c'est-à-dire que la possession de ces sortes d'héritages étoit purement précaire, beneficiaire, usufructuaire & revocable même à la volonté des Seigneurs, sans que les Vassaux eussent sujets de s'en plaindre : c'est pour cette raison qu'ils ne pouvoient ni les démembrer ni les aliener: c'est-à-dire qu'ils ne pouvoient d'un seul Fief en faire plusieurs tenus également en hommages séparez, parce qu'ils n'en avoient que la simple joüissance.

Depuis, quoique ces concessions féodales fussent devenües patrimoniales, & que les Ducs & les Comtes eussent acordez par subordination à leurs vassaux de tenir en propriété sous la même condition de l'hommage sous laquelle il tenoienet eux mêmes leurs Duchez & leurs Contez, les héritages que ces Seigneurs particuliers n'avoient auparavant possedez qu'à vie ou à tems, ils eurent toûjours une atention extrême d'en empêcher le démembrement afin que leurs Vassaux ayans un revenu plus considérable fussent plus en état de les assister & de les servir dans les ocasions.

Par la suite des tems s'étans reláchez de cette rigueur, on permit aux Vassaux d'aliéner, d'abroger, de diminuer & même d'amortir leurs Fiefs, mais sous certaines conditions, & toûjours du consentement du Seigneur suzerain dont ils étoient obligez de prendre des Lettres de confirmation.

Les Seigneurs ayant abusé de cette faculté, les uns convertissans leurs Fiefs & les changeans en censives, les autres les vendans & les donnans en arriere-Fiefs à des personnes non Nobles ou à gens de mainmorte, avec lesquels ils traitoient des droits féodaux pour de l'argent, le Roi Philipes

raportée, ni en quelle année elle a été faite, ce qui ferviroit néanmoins beaucoup pour en pénétrer le fens & les motifs.

Quant aux Fiefs aliénez, porte elle, & convertis en cenfives par ceux qui les tiennent de nous en plein Fief, ou par conceffion, & qui par ce moyen en font leur profit fans nôtre confentement les garentiffant & même les diminuant ou les donnant en arriere-Fief, & les mettant en main inhabiles & autres qui les vendent & en dipo*ent comme il leur plaît, nous ordonnons que les Fiefs ainfi aliénez à nôtre préjudice & fans nôtre confentement retournent à leur premier état.

De feudis alienatis & ad novum cenfum reductis per illos qui ad plenum feudum tenent à nobis vel ex dono noftro & utilitatem & emolumentum inde percipiunt nobis ignorantibus garentifant & etiam taliter feudum diminuunt vel ad retrofeudum reducunt & transferunt in perfonas inhabiles & alias quæ poftmodum aliis liberè vendunt prout volunt ordinamus quod illa quæ alienata funt in præjudicium noftrum five damnum nobis infcio & ignorante ad ftatum priftinum reducantur.

Il eft évident par les termes dans lefquels cette Ordonnance eft conçûë, qu'elle n'a été faite que pour rémedier aux abus que les hauts Seigneurs relevants immediatement du Roi, commettoient en abrégeant, ou donnant à cens, éteignant même & amortiffant leurs Fiefs fans fon confentement; *de feudis alienatis & ad novum cenfum reductis per illos qui ad plenum feudum tenent à nobis vel EX DONO NOSTRO.*

Or qu'elle aplication peut-on faire de cette Ordonnance à l'efpece qui fe préfente à decider, puifqu'encore une fois Girard de Vienne en vendant aux Brouhot la portion de la Seigneurie de Sivry qu'il avoit acquife des Simon, n'a ni aliené, ni démembré, ni étaint, ni amorti aucune partie de ce qui compofoit le corps & le Domaine de la Baronnie d'Antigny: le Fief, foit de la Tour, foit de la Seigneurie de Sivry n'en ayant jamais été qu'une apendance.

Le Sr. Languet opofe encore un lambeau d'une Ordonnance que Mr. Delaunay ancien Profeffeur du Droit François dit être du Roi Loüis XI. & qu'il raporte dans fon Commentaire fur les Inftitut. coutumieres de Mr. Loifel li. 1. regl. 4. mais cette Ordonnance non plus que les précedentes, n'eft point aplicable à l'efpéce; & elle ne fut renduë que pour decharger le Roi de faire hommage à fon fujet, duquel releve un Fief qui lui écheroit par quelque voie que ce foit; on en peut juger par les termes mêmes dans lefquels elle eft conçûe & parcequ'en dit l'Auteur qui en fait mention.

Mais auparavant que d'en raporter la teneur, il eft bon d'obferver, que lorfque le Roi poffedoit quelques Terres relevante de fes Sujets, il étoit tenu de faire aquiter par un ou plufieurs Nobles, felon le plus ou le moins d'importance de cette Terre les devoirs & les fervices dont elle étoit chargée envers le Suzerain.

De même quand le Roi fe trouvoit tenir en fa main pour

cauſe de forfaiture une Terre qui relevoit d'un Seigneur parꞧ ticulier, il étoit obligé de fournir au Suzerain de la Terre forfaite un homme qui en aquitât vers lui les devoirs; ainſi le Roi Philipes le Bel, qui étoit Comte de Champagne du chef de ſa femme, s'étant mis en l'année 1386. en poſſeſſion de la Terꞧ re de *corinſaines*, comme à lui aquiſe par la forfaiture de Gautier de Corinſaines, Chevalier, le Seigneur *de Saint Fale*, de qui cett Terre relevoit, prétendit que ſelon la Coûtume de la Province de Champagne, le Roi étoit obligé de lui donner un homme pour cette Terre, ce qui fut ainſi ordonné par Arrêt de la Cour des grands jours de cette Province.

C'eſt auſſi en vertu de la même maxime que dans la quitance que Jean Comte de Danmartin donna le 15. Jauvier 1330. de la ſomme de 250. livres pariſis, qui lui revenoit pour le quint denier du prix de la Terre de Therumudite à Paris, laquelle relevoit de lui, & qui venoit d'être achetée pour le Roi par ,, Pierre des Eſſars, dans cette quitance il eſt porté que ledit ,, Jean, Comte de Danmartin a ſaiſi ledit Pierre des Eſſars, ,, pour ledit notre Sires le Roi de la Terre deſſuſdite & de ſes apartenances, ſauf tous droits, *& la mis en ſa ſouffrance de la ſoi & hommage qui dûs l'en étoient.*

Mr. le Maitre dans ſon Traité des Fiefs fait auſſi mention qu'en l'année 1439. le Roi Charles VII. lequel venoit d'aquerir par confiſcation deux Terres qui étoient dans la mouvance de l'Evêque de Beauvais, commit, Jacques Vivien ſon Procureur au Bailliage de Senlis pour faire en ſon lieu à cet Evêque *l'hommage* de ces deux Terres *& les offre & devoirs acoûtuꞧ mez.*

Mr. Bruſſel remarque encore qu'en l'année 1442. le même Roi commit Jean de Meſgrigni Ecuyer, pour faire en ſon lieu aux Religieux, Abé & Couvent de Saint Denis en France *l'hommage* qui leur étoit dû pour raiſon de la Ville & Chatellenie de *Nogent ſur Seine* qui étoit nouvellement retournée à la Couronne par le décès du Roi de Navarre Duc de Nemours ſans hoir mâle, & laquelle Ville de Noyon qui étoit une apendance du Comté de Champagne relevoit deſdits Religieux à cauſe de leurs Terres de l'Aulne

C'eſt pour abolir cet uſage, ou plûtôt cet ancien abus qui vouloit que le Roi donna un homme pour aquiter en ſon lieu les devoirs dont la Terre dépendante de ſon Domaine, confiſquée ou autrement échûe à la Couronne, dont le Seigneur la tenoit en Fief étoit chargée, que le Roi Loüis XI. fit l'Ordonnance que le Sieur Languet opoſe,

,, C'eſt une maxime conſtante, dit Mr. de Launay, qu'il ,, n'apartient qu'aux Souverains d'interprêter leurs Loix: voilà ,, le Roi Loüis XI. qui déclare en termes formels que les Rois ,, ſes prédeceſſeurs, en donnant des Terres de leurs Domai- ,, ne pour les tenir en Fief de la Couronne, ont entendu re- ,, tenir la ſoi & hommage ſur les membres qui pouroient être ,, aliénées de ces Terres, comme ils ont rentenu la ſoi & hom- ,, mage ſur le chef de ces mêmes membres; de là ne s'enſuit

5, il pas bien clairement, conclu cet Auteur ; que quand
„ ces membres se réuniffent à leur chef (c'eft à dire à la Cou-
„ ronne) foit par forfaitures, par aquifition ou par fucceffion ;
„ le Roi n'en doit point l'homage au Seigneur du Fief dont
„ cet arriere Fief a été démembré.

On voit qu'il n'eft queftion que des Fiefs dépendans du
Domaine du Roi & par lui donnez pour les tenir en Fief de
la Couronne dont les Seigneurs vouloient exiger l'homage &
en être fervis au préjudice des Droits du Domaine de la Couronne, lorfqu'ils y étoient réunis foit par confifcation, foit
par aquifition ou par fucceffion.

Le même Auteur après avoir raporté la difpofition de cette
Ordonnance, par laquelle le Roi veut que les poffeffeurs des
parts & portions de Seigneuries rélevans en plein Fief de la
Couronne, lui rendent les foi & hommage, s'explique dans
des termes qui font connoître que le Roi Loüis XI. ne vouloit point par là interdire aux Seigneurs la faculté qu'ils ont
de vendre leurs Fiefs & de les donner en arriere-Fiefs, mais
feulement abolir l'ufage, qui vouloit que le Roi rendit les devoirs de Fief au Seigneur de qui relevoit la Terre confifquée
ou autrement échûë à la Couronne.

„ Voilà la Loi, dit-il, qui tranche net la queftion, déchar-
„ geant le Roi de faire l'hommage à fon Sujet duquel releve
„ un Fief échu par quelque voye que ce foit, & raporte pour
confirmer cette conféquence après Guillaume Durand, fur-
nommé le Speculateur, un exemple de ce qui s'étoit paffé lors
de l'aquifition faite par le Roi, de la Ville de Montpellier,
fur le Roi d'Arragon, lequel tenoit en fief de l'Evêque tout ce
qu'il poffedoit dans le détroit de l'Evêché, lequel Evêque tenoit
auffi en Fief du Roi tout le temporel de l'Eglife de Montpellier &
fe fait à lui-même cette queft. fi le Roi qui reprefente celui d'Arragon fera obligé de faire la foi à l'Evêque,& réfoud conformément
à la difpofition de cette Ordonnance, après avoir raporté toutes les raifons pour & contre, que le Roi, quoique reprefen-
tant celui d'Arragon, eft déchargé de porter la Foi à l'Evêque
de Montpellier, qui néanmoins eft obligé de la porter au
Roi pour le temporel de fon Eglife, comme à fon Seigneur
fouverain.

Voilà fuivant Mr. de Launay le feul qui faffe mention de
l'Ordonnance du Roi Loüis XI. quel en eft le fens & le véritable motif, ce qui eft fenfible, autrement il n'y auroit point
d'arriere-Fief en France qui ne dût relever immediatement du
Roi ; & cette prétention, fi elle avoit lieu, tendroit à un renverfe-
ment total, & à une fupreffion gnénérale de tous les arriere-fiefs,

Il faut voir à préfent fi nôtre Coutume eft plus favorable à la
prétention du Sieur Languet.

*Partage ou divifion de chofe féodale ne préjudicie point au Seigneur du Fief,
ains demourera chacun homme féodal & vaffal dudit Seigneur pour fa part
& portion, & en fera tenu un chacun de faire fon devoir de Fief envers
ledit Seigneur du Fief & felon la nature d'icelui.*

Voilà quelle eft la difpofition de l'article 7. du titre 3. de
nôtre Coutume, voici quel en eft le fens.

Partage ou division de chose féodale entre cohériers ne fait point de préjudice au Seigneur pour les droits qui lui sont aquis avant le partage, lesquels il peut exercer solidairement contre tous les copartageans ; mais chacun d'eux demeurera vassal du chef-Seigneur pour sa part & portion qui lui sera échué par le partage, & sera tenu de lui rendre les devoirs de Fief selon la nature du Fief, en sorte qu'un seul ne le pourroit faire pour tous : *quilibet ipsorum tenetur præstare juramentum fidelitatis Domino : eo quod juramentum est quid individuum nec unus pro omnibus debet præstare fidelitatis juramentum.* Challeneuz Rubr. 3. §. 7. n. 1.

Or pour faire une juste aplication de la disposition de cette article de nôtre Coutume à l'espece de la cause, il faudroit 1° Que Sivry eut fait partie de la Baronnie d'Antigny, qu'il en eut été un membre au lieu qu'il n'en a jamais été qu'une apendance. 2° Qu'il fut échû par partage de succession, *familiæ ercifcundæ judicio*, parce que nôtre Coutume ne parle & ne s'entend que du partage, & de la division de la chose féodale qui se fait par succession ; & cet article s'interprete par le précédent, & par le suivant.

Dans le précédent qui est le sixiéme, il est dit qu'en *partage & division de choses féodales n'est point de nécessité aux Parties de prendre consentement des Seigneurs*, ce qui s'entend seulement, dit Begat du partage de chose échué par succession, ou directe, ou collaterale, & que l'on aquiert *familiæ ercifcundæ judicio*.

Ce qui est encore plus clairement expliqué dans le procès verbal des conférences pour la réformation de la Coutume page 353. de l'édit. de 1717. en ces termes.

En partage & division de chose féodale avenue par succession ab intestat à plusieurs héritiers, ces deux termes *partage* & *division* sont donc sinonimes : & la particule disjonctive *ou* de l'art. 7. doit être prise en cet endroit pour la particule conjonctive *&*, cela est ordinaire en droit. *Non nunquam disjuncta pro conjunctis, conjuncta pro disjunctis accipiuntur.* L. *sæpè*, ff. de verb. signif. d'autant que l'article suivant qui est le huitiéme, parlant de la division qui peut être faite d'une autre maniére que par le *partage* se sert des termes *d'aliénation* & de *transport*.

En aliénation & transport de chose féodale, Commise n'a point de lieu &c.

Elle est conforme en cela à celle de Nevers art. 19. du Comté art. 9.

De Bourdeaux art. 82, & 83. de Bourbonnois art. 367. & de plusieurs autres.

C'est donc sans raison ni fondement que le Sieur Languet pour établir que le Fief de Sivry n'est point de la mouvance du Marquisat d'Antigny, se prévaut de la disposition d'un article de nôtre Coutume qui n'a été ainsi rédigé que pour régler la maniére dont en useroient des cohéritiers envers le Seigneur suzerain pour les parts & portions qui leur seroient échues par partage dans une succession commune d'un Fief dont un feul avant la fucceffion échûe auroit aquité les devoirs pour la totalité, devoirs dont l'aîné aquitoit auparavant fes puînez, même depuis la Conftitution du premier Mai 1210. dans cette Province, fuivant le témoignage d'Othon de Frifinge, comme on l'a ci-devant remarqué.

A ces trois Ordounances des Rois Philipes Augufte, Philipe le Bel & Louis XI. & à l'autorité de la Coutume, le Sieur Languet ajoûte la difpofition de deux Arrêts, l'un rendu le 12. Mars 1647. dont fait mention Me. Jean-Marie Ricard fur l'article 51. de la Coutume de Paris, & l'autre le 5. Septembre 1695. fur les Conclufions de Mr. la Biffe, par lefquels il prétend que la queftion a été jugée.

Il eft vrai que par le premier donné au profit de Mr. le Duc d'Orléans, la Cour jugea que le Chapitre de Chartres n'avoit pû en vendant tout le Fief retenir la mouvance; mais voici dans quelles circonftances.

Suivant la difpofition de l'ancienne Coutume de Paris le vaffal étoit obligé de conferver fon Fief au même état où il étoit au tems de la premiere inveftiture, fans féparer les membtes du corps, ni le corps de fon corps, ni le chef & le corps de fes membres.

Mais par la fuite des tems ces fortes de biens ayans commencez à fe rendre patrimoniaux & à fe perpetuer dans les familles à titre d'hérédité, ceux qui travaillerent en 1580. à la réformation de la Coûtume de Paris jugeant bien que la prohibition du démembrement des Fiefs étoit trop rigoureufe, mais n'ayant pas ofé l'abroger entierement, ils crurent qu'il faloit y aporter quelque adouciffement; c'eft pour cela qu'ils permirent aux Vaffaux d'aliéner fans le confentement du Seigneur une partie de leurs Fiefs fous certaines conditions exprimées dans l'article 51.

La premiere, que l'aliénation n'excedera pas les deux tiers du Fief; la feconde, que le Vaffal retiendra la foi entiere fur ce qu'il aliéne: la troifiéme, enfin qu'il fe réfervera un droit fur la partie de fon Fief qu'il aliene.

Or le Chapitre de Chartres ayant vendu *tout le Fief*, & ne s'étant retenu que la mouvance, fans autre droit Seigneurial, il n'eft pas furprenant que cette aliénation faite contre la difpofition de la Coûtume de Paris n'ait été réprouvée.

Quant à l'Arrêt du 5. Septembre 1595. on ne nie point qu'il n'ait quelque chofe de féduifant & capable de furprendre ceux qui ne prennent pas la peine d'aprofondir les chofes.

Mais quand on examine de près & qu'on en cherche les motifs dans l'Arrêt même, il eft aifé de reconnoître qu'il n'eft ni aplicable à la Caufe, ni qu'il ne décide point la queftion.

En effet les Terres de Précy, St. Martin & les Monts faifoient parties *du corps* du Comté de Brienne, & avoient été employez comme *membres* dudit Comté dans l'aveu qui en avoit été fourni au Roi le 25. Octobre 1670. c'étoit-là

le fondement de l'opofition qu'avoit formé Mr. le Procureur Général à l'Arrêt du 3. Septembre 1648. qui les avoit
déclarées de la mouvance du Comté de Brienne & de l'a-
pellation qu'il interjeta de la Sentence du 20. Mai 1677. &
même le motif de l'Arrêt qui intervint sur ces deux qualitez.

Or Sivry n'a jamais fait partie de la Baronie d'Antigny,
jamais il n'a été employé dans les aveux que les Seigneurs
d'Antigny ont donné au Roi comme *membre* du corps de
la Baronie d'Antigny, mais feulement comme *mouvance* de
cette Baronie, & par conféquent on ne peut rien conclure
de cet Arrêt.

Et là preuve que le fondement de l'opofition de Mr. le
Procureur General & le motif de l'Arrêt qui intervint furent
que les Terres en queftion avoient fait partie du corps du
Comté de Brienne, fe tire non feulement de ce que cela fe
trouve énoncé tout au long dans le vû & dans le difpofi-
tif; mais encore de ce qu'il y avoit plufieurs autres Terres
& Seigneuries comprifes dans le decret, lefquelles avoient été
délivrées à la charge de la mouvance du Comté de Brienne,
Parce qu'elles en relevoient feulement, & qu'elles n'en faifoient point partie comme *membres*, & qu'à cet égard par
le même Arrêt les Parties furent mifes hors de Cour quoiqu'elles fiffent également l'objet de l'opofition de Mr. le Procureur Général à l'Arrêt du 3. Septembre 1648. & de l'a-
pellation de la Sentence du 20. Mai 1677.

Le Sieur Languet répond à cela que fi les autres Terres
comprifes au decret furent déclarées mouvances du Comté
de Brienne, parce qu'elles en relevoient & n'en faifoient pas
parties; c'eft parce que ces Terres avoient été converties en
arriere-Fiefs avant 1209. foit par des ventes à charge de foi
& hommage, ou par des parages qui avoient lieu alors
dans tout le Royaume, & que depuis ce tems-là elles n'avoient
point été réünies au Fief dominant.

Or pourquoi ne dira-t-on pas la même chofe du Fief de
la Tour de Sivry dans fon propre fiftême, puifqu'il ne paroît
pas que ce Fief ait jamais été réüni au Fief dominant d'Antigny, mais feulement la Seigneurie, comme le Sieur Languet
le prétend par l'aquifition qu'en fit Girard de Vienne dans
le tems que Broubot poffedoit, fuivant lui, les quatre quarts
du Fief de la Tour, & que d'ailleurs il eft certain par les
titres vifez dans le Procès verbal de 1579. que ce Fief dans
le douziéme fiécle relevoit des Barons d'Antigny à caufe de
leur Châtelet & Maifon forte d'Antigny.

Quant à l'Arrêt dont fait mention Beraut fur la Coûtume
de Normandie art. 204. à la date du 9. Août 1612. & qu'o-
pofé le Sieur Languet page 42. de fon Factum, par lequel
il prétend qu'on décida que la mouvance aliénée par le vaffal
d'un Fief apartenoit au Seigneur dominant, il eft bon de
remarquer que le Fief dont il s'agiffoit avoit toûjours été

poſſedé avec la Terre d'Argouges ; en qualité de plein Fief de *Haubert* (c'eſt à dire de Chevalier) tenu & mouvant de la Baronie de Landelles, & par conſequent indiviſible dans toutes ſes Parties, comme le remarque l'Auteur qui le raporte, telle étant la nature de ces ſortes de Fiefs qui ne ſont connus qu'en Normandie.

Le Sieur Languet dit encore que la Coutume de Nevers art. 30. eſt ſemblable à la nôtre ; mais ce n'eſt point l'art. 30. qui y eſt conforme, mais l'art. 19. qui ne parle comme l'art. 7. de la nôtre que du partage des Fiefs entre coheritiers.

L'art. 30. qui porte que le vaſſal ne peut de ſon Domaine faire ſon Fief ſans le conſentement de ſon Seigneur, s'entend dit Coquille, qu'il ne peut démembrer ſon Fief, ni donner en arriere-Fief, une partie integrante de ſon Fief, ſans laquelle il ne pouroit plus ſubſiſter ; & c'eſt dans ce cas que du Moulin ſur l'art. 51. de la Coutume de Paris gloſ. 1, §. *in verbo démembrer*, dit que la vente ne vaudroit rien à l'égard du Seigneur dominant, *Nec habet vires reſpectu patroni quia eſſet vera diſmembratio feudi vel partis à capite.*

Car la même Coutume permet, comme le dit Coquille, ,, au vaſſal de faire de ſon Fief ſon Domaine, c'eſt à dire ,, d'aquerir de ſon ſous-vaſſal, auquel cas il peut tenir le ,, Fief ſéparé ſans l'unir à ſon plein Fief, pour en faire con- ,, ceſſion ſous l'ancienne charge de Fief quand il voudra, ,, ou le retenir en ſes mains, pourvû qu'il en faſſe une dé- ,, claration expreſſe dedans l'an, ou bien par déclaration ,, tacite, bien aparente, & dont on peut juger dans le doute par les circonſtances.

Cet Auteur ne tient pas un autre langage dans ſon Inſtit. au Doit François, tit. des Fiefs.

Du Moulin, dont le Sr. Languet page 43. de ſon *Factum,* cite la note ſur l'art. 365. de la Coutume de Bourbonois, ne dit pas que le vaſſal ne peut diviſer ſon Fief par diviſion réelle au préjudice du Seigneur, & que dans le cas de la diviſion tous ceux qui ont des portions du Fief diviſé demeurent vaſſaux du Seigneur Suzerain, & ſont tenus de lui faire les devoirs de Fief.

Au contraire il dit que la faculté que le vaſſal a d'aliéner ſon Fief en tout ou en partie eſt preſque de tous les Pays ; car voici comme eſt conçû l'art. 365. de la Coutume de Bourbonnois.

Les choſes féodales en tout ou partie peuvent être venduës, aliénées, &'. en peut être priſe poſſeſſion ſans licence & congé du Seigneur.

In Delphinatu, dit du Moulin dans ſa Note ſur cet article, *Italia, Germania, Hiſpania & feri ubique idem.*

On ne doit point mettre en Queſtion la mouvance du Fief de Sivry.

Du reſte quoiqu'on ſoit entré dans le détail des titres qui établiſſent la mouvance du Fief de Sivry, & dans une longue diſcuſſion des queſtions que le Sieur Languet a fait naître à cette ocaſion, ce n'eſt pas qu'on penſe qu'on puiſſe mettre de nouveau en queſtion, du moins à la Chambre du Domaine, le point de ſçavoir ſi ce Fief eſt mouvant du Marquiſat d'Antigny,

1° Parce que cette queſtion a déja été agitée & jugée en 1579. du moins pour le Fief de la Tour, ſupoſé, comme le prétend le Sieur Languet, qu'il fut diſtinct & ſéparé du Fief de la Seigneurie

Sentence contradictoirement rendue avec Mrs. les Gens du Roi à la vûë des titres des Barons d'Antigny qui y ſont énoncez & cotez.

Sentence aquieſcée & executée par les auteurs du Sieur Languet ſans aucune contradiction de leur part, & laquelle ne peut être anéantie par aucun Jugement de la Chambre, du moment que le Juge Royal à qui la connoiſſance de ces ſortes de matieres apartenoit pour lors a prononcé ; le Sieur Languet eut-il au fond les meilleurs raiſons pour la faire réformer : parce que c'eſt une maxime, que nul ne peut avoir juridiction ſur ſon égal, maxime que les Magiſtras qui n'ont qu'une autorité empruntée & un pouvoir ſubalterne ſont valoir tous les jours les uns contre les autres.

Le Sieur Languet répond 1° Que par l'Ordonnance de 1539. & autres, il n'eſt jamais permis d'opoſer, ni fins de non recevoir ni preſcriptions contre les droits de la Couronne.

Sans entrer dans la queſtion de ſçavoir ſi la mouvance dont il s'agit eſt du Domaine de la Couronne, ni ſi cette Ordonnance a été pratiquée, ce que n'eſtime pas Bacquet ſuivant la remarque de Guenóis : *neque in conſulendo, neque in judicando,* il ſufit d'obſerver que le Roi François I. par l'art. 6. en ordonnant qu'on n'eut aucun égard à quelque poſſeſſion, joüiſſance preſcription que ce ſoit, excepte celle de cent ans.

Voulons qu'ez procès qui ſeront mûs ſur ladite réunion, nos Juges & Offi- ciers n'ayent aucun égard à quelque poſſeſſion, joüiſſance & preſcription que ce ſoit, ores qu'elle excedât cent ans.

Or la poſſeſſion de Mr. le Marquis d'Antigny eſt plus que centenaire, puiſqu'il eſt prouvé au procès qu'on lui a rendu au moins depuis 1579. les devoirs de Fief, poſſeſſion ſuivie, paiſible & continue juſqu'à la mort de Philipes Languet auteur immediat du Sieur Défendeur

2° Il dit que cette Sentence étant anterieure de plus de dix ans à la réunion du Fief de la Tour à la Terre & Seigneurie de Sivry, par raport à l'aquiſition que fit Brouhot de cette Terre, elle s'évanoüit d'elle-même, puiſque par cette réunion arrivée en 1589. la Terre qui faiſoit portion de la Baronie d'Antigny fut conſolidée avec le Fief.

Cela ſupoſé le Sieur Languet prétend donc que le Fief de la Tour étoit de la mouvance de la Seigneurie de Sivry, & qu'elle ne relevoit des Barons d'Antigny que parce quils poſ-

&doient le Fief de la Seigneurie : or il eſt certain que jamais
le Fief de la Tour n'a relevé de la Seigneurie de Sivry, mais
de la Baronie d'Antigny, à cauſe du Chatel & Maiſon forte,
même avant que Girard de Vienne eut rien aquis, ainſi qu'il
eſt prouvé par les titres viſez dans la Sentence de 1579. & par
conſéquent cette Sentence qui confirme la repriſe de Fief
faite par Brouhot propriétaire du Fief de la Tour au Baron
d'Antigny, à cauſe de ſon Chatel & Maiſon forte d'Antigny,
& qui le déboute des Lettres de ſouffrance qu'il avoit obtenues aux fins de s'en faire relever, reſte dans toute ſa force & ne peut être anéantie que par un Jugement contraire,
qu'il n'apartient qu'aux ſeuls Magiſtrats dépoſitaires de l'autorité ſouveraine de rendre.

2° On dit qu'on ne doit point mettre de nouveau en queſtion la mouvance du Fief de Sivry, parce qu'il y a une Tranſaction en forme de Sentence arbitrale par laquelle les auteurs
du Sieur Languet reconnurent que Sivry étoit de toute ancienneté de la mouvance de la Baronnie d'Antigny à cauſe du
Chatel & Maiſon forte de ce Fief ſuperieur, & promirent de
le tenir eux & leurs ſucceſſeurs en Fief des Seigneurs d'Anti-
ny, comme avoient fait leurs prédeceſſeurs,

Tranſaction qui a été executée, & qui n'eſt impugnée ni
par la voye de l'apellation ni par celle de la reſtitution.

Le Sieur Languet opoſe, que cette Tranſaction n'a point été
homologuée, que les Parties ne purent tranſiger ſur un droit
de mouvance qui apartient au Roi, ſans que perſonne parut
dans l'acte pour ſa Majeſté, que d'ailleurs elle eſt nulle étant
contraire aux Ordonnances.

Mais toutes ces exceptions s'évanoüiſſent ſi l'on fait atention que la conteſtation qui étoit entre le Baron d'Antigny
& les Brouhot ne rouloit que ſur ce qui étoit compris ou
ne l'étoit pas au contrat de vente de 1589. auquel les
Brouhot vouloient donner plus d'étendüe qu'il n'en avoit,
comme on en peut juger par le préparatoire, par lequel il
fut ordonné au Seigneur d'Antigny de donner un état & une
déclaration des héritages, droits de Juſtice, Seigneurie, rente, cens & autres qu'il prétendoit dépendre de la Baronie
d'Antigny au Finage néanmoins de Sivry, & qu'il ſoutenoit
n'être pas compris dans la vente faite à Brouhot. Par l'état
circonſtancié de ſes prétentions qu'il donna enſuite de ce
Préparatoire & par les écritures de ſon Procureur d'Office ;
en ſorte que ce ne fut qu'à grande connoiſſance de Cauſe
que les Parties tranſigerent ſur ce qui faiſoit le ſujet de
leur different, & par le même acte les Brouhot reconnurent
la mouvance ſur laquelle leur pere avoit déja été condamné
en 1579.

Il ne faut pas dire que cette Tranſaction a dû être homologuée, puiſque c'eſt un acte paſſé pardevant Notaire qui
a la force & l'autorité de la choſe jugée, ni que les Barons
d'Antigny abuſerent de leur autorité & de leur crédit pour

extorquer & des Juges & des Parties au préjudice des droits de la Couronne un hommage qui ne leur étoit point dûe.

Ces Seigneurs dans ces tems-là avoient bien d'autres ocupations plus glorieuses & plus dignes d'eux que celle de veiller à la conservation de leurs droits, ce soin regardoit leurs Officiers qui n'ont jamais agi qu'en conséquence & qu'en vertu de leur procuration ; tandis que ces grands hommes ne pensoient qu'aux moyens de contribuer de tout leur pouvoir à la gloire du Monarque, au service & à la suite duquel ils étoient.

Quand le Sieur Languet dit qu'il n'a pas besoin de prendre des Lettres de restitution contre cette Transaction, parce qu'elle est contraire aux Ordonnances, il se trompe.

1° On a fait voir dans quel sens ces Ordonnances devoient recevoir leur aplication.

2° C'est une maxime certaine que les voies de nullitez n'ont point lieu en France.

3° Cette Transaction a été ratifiée, confirmée & corroborée par les actes subséquens.

4° Quand il seroit vrai que les Lettres de restitution seroient inutiles pour faire prononcer sur la nullité prétenduë, n'étant plus dans le tems prescrit par les Ordonnances pour l'opoſer, il devroit en prendre pour se faire restituer contre le tems même qui s'est écoulé.

C'est en vain qu'il dit que le Baron d'Antigny n'a ſû mettre la Terre de Sivry dans sa mouvance par une simple stipulation.

Il ne la mit point en effet, elle y étoit déja, jamais elle ne s'étoit éclipsée, il ne fit que la faire reconnoître par la Transaction ; & s'il n'en fit point de réserve lors de la vente qu'il fit à Brouhot en 1589. c'est que cette mouvance ne dépendoit point de ce qu'il lui vendoit, mais de son Chatel & Maison Forte d'Antigny, & par conséquent ne pouvoit être mise au nombre des droits que le Propriétaire du Fief de la Tour aquit en aquérant la Seigneurie qui en étoit distincte & séparée, ainsi que le prétend le Sieur Languet.

3° On ne doit point mettre en question la mouvance du Fief de Sivry, parce qu'on voit un grand nombre de reprises de Fief en faveur du Marquisat d'Antigny, tandis qu'on n'en voit aucune faite en la Chambre des Comptes par les auteurs du Sieur Languet.

4° Parce que dans les aveux faits au Roi par les Seigneurs d'Antigny, ils y ont compris Sivry dans les arrière-Fiefs qui relevent du Marquisat d'Antigny pour les parts & portions que leurs vaſſaux poſſédoient dans ce Fief, sans que les Srs. Procureurs Généraux de la Chambre des Comptes ayent jamais blamé ces dénombremens

5° Enfin parce que cette mouvance est confirmée par les Lettres d'éréction de la Baronie d'Antigny en Marquisat en ce qu'elle y est marquée.

En forte qu'à la vuë de tous ces différents Titres & fur
tout des Jugemens contradictoires rendus entre les auteurs des
Parties, il eft inutile d'examiner fi la Seigneurie de Sivry a
relevé, ou dû relever du Roi, c'eft une affaire jugée même avec
Sa Majefté, terminée par tranfaction avec les propriétaires de
ce Fief auteurs du Sieur Languet, de maniére qu'il n'y a
que le Juge fupérieur qui puiffe en les réformant les anéan-
tir.

Auffi tout ce qui à été écrit & produit au procès par Mr.
le Marquis d'Antigny l'a été moins pour établir cette mouvance, que pour faire voir que le Sr. Languet n'avoit aucun
prétexte de le défavoüer pour reconnoître à fon préjudice le
Roi, & que malgré les foumiffions qu'il a fait de relever de
fa Majefté, il eft dans le cas de la commife; c'eft ce qu'il
lui refte à établir auparavant que de finir ce Mémoire.

Demande en commife.

Il eft certain que le vaffal qui défavoüe fon Seigneur ou qui
s'avoüe mouvant d'un autre, que celui dans la mouvance
duquel fe trouve fon Fief le confifque, fi par l'évenement il
fe trouve qu'il l'ait fait mal à propos, *in ultionem injuriæ*, difent les feudiftes qui regardent le défaveu ou le faux aveu,
car ils n'y mettent aucune différence, comme une efpece de
félonie qui emporte la confifcation & la perte de la propriété
du Fief.

C'eft la difpofition non feulement du droit des Fiefs, mais
encore du droit commun de la France dans les Coutumes qui
n'en parlent point, fur tout de nôtre Province où les Fiefs
font tous de danger.

Le vaffal qui dénie le Fief être tenu du feigneur féodal, porte l'art.
43. de la Coutume de Paris, *dont il eft tenu & mouvant* confifque icelui Fief.

Le vaffal eft tenu formellement, dit celle de Melun art. 86.
*avoüer ou défavoüer le Seigneur du Fief, & fi en avoüant un autre il
défavoüe celui qui par l'iffue du procès fe trouve Seigneur, ledit Fief &
fruits d'icelui échus, puis la mainmife tombent en commife.*

Le Vaffal qui fciemment, dit celle de Sens art. 198. *fait faux aveu
& reprend d'autre Seigneur que celui qu'il fçait être fon féodal commet fon
Fief tout ainfi que fi fciemment il dénioit ledit Fief.*

La chofe féodale, dans la Coûtume d'Auvergne chapitre 22.
des Fiefs art. 18. *ne fe confifque au profit du Seigneur féodal, fi ce
n'eft en deux cas, l'un par félonie, l'autre par faux aveu.*

La chofe tenuë en Fief, dit celle de Nevers ch. 4. art. 66. *peut
être commife ou confifquee pour double raifon, à fçavoir commife de cas
pour crime féodal comme félonie ou faux aveu.*

,, Coquille fur ce mot *faux aveu*, l'expliquant, dit que c'eft
,, quand le Vaffal à fon efcient avoüe autre Seigneur, & que
,, le défaveu ou faux aveu emporte également la commife
,, fi le Vaffal de certaine fcience le fait.

In hâc materia quæritur, dit Philipes de Villers, dans son Traité *de feudis* qui est à la suite de l'article 8. du tit. 3. de nôtre Coûtume de l'édition de 1717. *quibus modis feudum amittatur ?*

Respondeo, amitti primò ob negationem quæ sit tripliciter : vel enim sit respectu rei & personæ ut quando Vasallus negat feudum teneri à Patrono, vel ab ejus feudo, seu loco dominanti.

De là cette maxime remarquée par Tronçon sur l'art. 51. de la Coûtume de Paris *verbo* se peut joüer : *qui Fief nie ou Fief roigne Fief pert.* Et cette régle de Loisel raportée dans ses Instiîutes Coûtumieres, *liv. 4. tit. des Fiefs regle 97. qui Fief dénie ou qui à escient fait faux aveu ou commet félonie Fief perd.*

Il est vrai que plusieurs Auteurs prétendent que le Roi étant là source de tous les Fiefs, ou comme s'explique, la Coûtume de Meaux, art. 154. *le souverain Fueffeux*, celui qui veut le reconnoître pour Seigneur, n'encourt point la commise & ne fait rien qui puisse être pris pour désaveu, parce qu'il est vrai de dire qu'il tient de lui médiatement.

Mais outre que ce sentiment n'est pas universellement suivi ; c'est qu'il faut prendre cette exception à la régle générale dans le sens qui lui est propre & naturel.

Un Vassal par exemple qui dans le doute & l'incertitude de la qualité de son Fief se feroit recevoir par main souveraine ne le commettroit point, parce qu'en ce cas l'ignorance l'excuseroit, & qu'il n'y auroit dans son fait, ni fraude, ni affectation, ni dessein de faire injure à son véritable Seigneur. *Vasallus feudum quod sciens abnegavit amittit, ignoranti vero subvenitur, lib. 2. de feudis tit. 26. §. 5. si de feudo defuncti &c.*

Pareillement s'il y avoit entre deux Seigneurs convention de teneure, c'est-à-dire s'ils disputoient entre eux la mouvance d'un Fief, & que le Vassal pour n'être pas exposé à deux saisies differentes fit les foi & hommage au Roi, son Fief ne tomberoit pas en commise, & celui qui seroit reconnu son véritable Seigneur ne pouroit pas s'offenser de la préférence qu'il auroit donné au Roi.

Un Vassal encore dont le Seigneur refuseroit sans cause légitime les foi & hommage pouroit les rendre au Roi sans danger de commise.

Un Vassal même qui par légereté, emporté par l'impétuosité d'un premier mouvement de colere à une assignation & à une saisie faite sur lui par son Seigneur, réclameroit le Roi & l'avoüeroit pour son Seigneur, ne confisqueroit pas son Fief, pourvû néanmoins qu'il n'y persista pas du moins en Jugement, encore du Moulin supose-t-il qu'il n'y a ni dol ni fraude.

Vasallus qui extrà judicium etiam ser ose patronum abnegavit si postea in judicio non perseveret in negatione & ignorantur id fecerit saltem non apparet de dolo scientia vel lata culpa non amittit feudum. Molin. tit. des Fiefs §. 43. gl. 1. in verb. *qui dénie le Fief* quest. 12. n. 69.

Mais un Vassal qui par opiniâtreté, de dessein formé, de

propos deliberé, d'une volonté concertée, par malice, par
affectation & contre la connoissance certaine qu'il a de la mouvance de son Fief, désavoüe son Seigneur uniquement pour
le plaisir de le désavoüér, il est hors de doute que ce désaveu quoiqu'en faveur du Roi emporte la commise de son Fief
de même que s'il avoit avoüé un autre Seigneur ; non pas pre-
cisément parce qu'il auroit avoüé le Roi, car ce n'est pas la pré-
ferance que ce Vassal lui donneroit qui offenseroit dans ce cas
le veritable Seigneur, mais parce qu'il l'auro't fait dans un esprit d'injure, malicieusément & à dessein de lui faire perdre
la mouvance de son Fief.

Telle est la disposition de la Coutume de Meaux art. 185.
*qui désavoüe à tenir d'aucun Seigneur, il perd son Fief & le consisque ,
s'il est trouvé que celui qu'il a désavoüé soit Seigneur féodal dud t Fief, si ce
n'est qu'il avoüe le Roi, & SANS FRAUDE*

C'est aussi la distinction que fait Brodeau sur la Coutume de
Paris art. 43. n. 17. & 18. où après avoir dit que le désa-
vue fait tomber le Fief en commise, il ajoute.

*Il y a néanmoins un cas auquel le désaveu n'emporte point la commise du
Fief quand le Vassal soutient SANS FRAUDE ET SANS ESPRIT DE CALOM-
NIE, son Fief être tenu & mouvant du Roi ..... principa'ement quand le
Vassal fait la foi & hommage an Roy, ensuite de la sommation ou de la
saisie féodale, ou quand Mr. le Procureur Général si le Procès est pendant
au Parlement, ou son Substitut, si c'est un Siége inferieur intervient, ou étant
sommé se joint avec lui ou prend le fait & cause en main pour lui ; mais
si le même Substitut sommé à la Requête du Vassal qui s'avoüe tenir du Roi
abandonne la mouvance, & que nonobstant ce désaveu & déclaration le
Vassal persevere & continüe dans son opiniatreté, de ne vouloir reconnoître son
vrai Seigneur, il encourt la peine de la commise.*

Il faut donc suivant cet Auteur pour que le Vassal n'encourt
point la peine du désaveu, en soutenant que son Fi f est tenu
& mouvant du Roi, il faut qu'il le fasse SANS FRAUDE,
SANS ESPRIT DE CALOMNIE, sans affectation, sans malice ; des lors qu'on rémarque cet ESPRIT DE FRAUDE ET
DE CALOMNIE, il est sans contredit dans le cas de la commise.

Il faut outre cela qu'il rende effectivement & réellement
au Roi, les foi & hommage qu'il soutient lui devoir préférable-
ment à son Seigneur, & qu'il ne se contente pas de dire
de bouche qu'il les lui rendra ? & quand faut-il qu'il le fasse,
après la sommation ou la saisie féodale.

C'est là le veritable esprit des Coutumes qui contiennent
des dispositions précises à ce sujet ; celles de Vermandois art.
,, 198. de Chalons art. 199. de St. Quantin art. 80. portent
,, que le Vassal est tenu formellement d'avoüér ou désavoüér
,, le Seigneur du Fief, & qu'il ne sufit d'avoüér le Roi ou au-
,, tre Seigneur féodal, encore que le Fief du Vassal fut un
,, arriere Fief dudit Seigneur désavoüé.

On voit qu'elles ne mettent aucune difference entre le Roi
& un Seigneur suzerain que le Vassal auroit avoüé pour son

au préjudice de celui dans la mouvance duquel le Fief se trouve.

Celle de Rheims art. 127. dit qu'il ne suffit au Vassal ,, de dire qu'il tient son Fief du Roi , contre le Seigneur ,, superieur, ains faut qu'expressément il avoüe ou défavoüe celui ,, qu'il prétend être son Seigneur féodal.

,, Celle de Ribemont art. 29. qu'il faut que le Vassal fasse aveu ,, ou défaveu formel , & qu'il ne suffiroit d'avoüer autre Seigneur ,, de Fief encore que ce fut le Roi.

Ferron sur celle de Bourdeaux , tit. *de feudis*, §. 3. *in fine* dit qu'il ne voit pas sur quelle raison on peut avancer cette maxime & donner la préférence au Roi sur les autres Seigneurs, qu'il ne sçait ni Edit ni Ordonnance qui le disent , & que c'est une invention de ceux qui donnent tout au fisc.

Aiunt autem possint forensibus rebus intenti eum qui apud Regem profiteatur etiamsi alius doceat professionem sibi deberi non incidere in commissum ; quod ego nulla video fulciri ratione ut nec subdititium illud vel decretum, vel edictum , ut nemo in loco quo Rex territorium possidet libere & sine obsequio possit res possidere. Hoc nimirum commentium est eorum qui sunt omnia fisci.

La raison qu'on en peut rendre est comme le remarque Mornac après la glose sur la Loi 20. ff. *pro socio* , que le vassal de mon vassal n'est point mon vassal , quoiqu'il dépende de moi médiatement à cause de mon Fief superieur , de même que l'affranchi de mon affranchi n'est point mon affranchi ni mon associé l'associé de mon associé. *Vassallus vassalli mei non est meus Vassallus quamvis sub Vassallus meus esse possit ratione feudi superioris sicut libertus liberti mei non est meus libertus nec socius socii mei non est meus socius.*

D'ailleurs si le vassal qui reclame le Roi pour son Seigneur ne commettroit jamais son Fief dans quelque cas que ce fut , soit qu'il le fit par ignorance & fraude , soit qu'il le fit par affectation , par malice , dans un esprit de calomnie , il n'y auroit bien-tôt point d'arriere-Fief , point de vassal qui ne se joüât impunement du Seigneur du Fief dominant , & qui ne lui refusât les devoirs de Fief , sous prétexte de les rendre au Roi comme au Seigneur universel immédiat , & la source de tous les Fiefs , ce qui est contre la nature & la substance du Fief , & ruine les fondemens de la relation qui est entre le Seigneur & le vassal.

Cette maxime doit avoir d'autant moins lieu dans la Bourgogne que les Fiefs y sont de danger , & que la seule prise de possession réelle sans le consentement du Seigneur donne lieu à la commise.

Cela étant, il ne reste plus qu'à examiner le motif qui a engagé le Sieur Languet à réclamer le Roi pour son Seigneur , & si le faux aveu dans lequel il persiste donnera lieu à la confiscation & à la perte de son Fief.

Or il est évident qu'il ne l'a point fait dans un autre esprit que de faire injure à Mr. le Marquis d'Antigny; jamais

en faifant cette déclaration il n'a eû d'autre deffein que de lui
faire perdre la mouvance de fon Fief ; il n'y a eu ni legé-
reté , ni précipitation , ni errreur dans fon fait , il n'étoit
ni dans le doute ni dans l'incertitude : il y a quinze ans
qu'on l'inftruifoit, quinze ans qu'on l'invitoit, qu'on le pref-
foit de fe mettre à fon devoir, & il eft fenfible que tous les mé-
nagemens & tous les égards que Mr. le Marquis d'Antigny a
eû pour lui, lui ont fervi de prétexte pour refufer de le faire, & l'ont jeté dans l'ingratitude.

Il avoit d'un autre côté pardevers lui tous les titres qui
fervent à établir la mouvance du Fief de Sivry ; toutes ces ré-
prifes de Fief, ces tranfactions, les Sentences dont on a fait
mention, & qui font produits au Procés ; tous ces Actes
réciproques & finallagmatiques font ou doivent être en fa puiffance ; en tout cas pour le coutumacer & le mettre dans tout
fon tort, on lui en a fait donner copie jufqu'à quatre fois,
d'abord fur du papier fimple avant que de faifir, enfuite &
en première inftance lors de la faifie féodale, encore à la Cour
lorfqu'on y plaida l'apellation de l'Apointement du 31. Janvier
1729. & en dernier lieu depuis que la Chambre eft faifie,
il a trouvé en prenant les originaux en communication, & par
la lecture qu'il en a faite il a dû connoître que la mouvance
de Sivry eft folidement établie, non feulement par une poffeffion immémoriale de plus de deux fiécles, mais encore par
une Sentence contradictoire rendue avec le Roi même, &
pofterieurement par une tranfaction paffée entre fes auteurs &
les anciens Barons d'Antigny ; en forte que c'eft contre la connoiffance certaine qu'il a eu, & qu'il a de la verité qu'il a
avoüé le Roi pour fon Seigneur uniquement par mépris pour
Mr. le Marquis d'Antigny, encore pour lui faire perdre s'il
le pouvoit un droit qui lui eft fi legitimement & depuis fi
long-tems acquis.

Encore s'il avoit répris du Roi, ou qu'il eut fait des pro-
teftations de reconnoître le Seigneur d'Antigny, au cas qu'il
prouva la mouvance, feroit-il excufable ? mais il s'en eft tenu à des fimples foumiffions qui n'ont produit jufqu'à préfent aucuu effet, & qui ne pouroient empêcher la commife
au profit du Roi, fi ce qu'on n'eftime pas la mouvance de
Sivry étoit declarée lui apartenir, puifque depuis près de vingt
ans il en joüit fans lui avoir rendu (quoiqu'il le réclame)
les devoirs de Fief non plus qu'à aucun autre Seigneur.

C'eft en vain qu'il opofe que fon défaveu ne peut offencer
Mr. le Marquis d'Antigny, parce que jamais le vaffal n'offence
fon Seigneur en le préferant au Roi.

On en convient, mais c'eft comme on la obfervé, quand
il eft fait par légereté, par ignorance, fans fraude, & fans efprit
de calomnie ; mais quand il eft medité, quand il eft fait
de propos deliberé, ferieufement, à efcient & malicieufement,
c'eft une injure qui degenere en felonie & qui rend le Vaffal
indigne du privilege de celui qui avoüéroit le Roi de bonne
foi, & dans le doute, s'il eft fon Seigneur.

Du reste il n'est rien moins question que de l'aveu ou du desaveu fait par le Vassal dans l'endroit de d'uMoulin cité par le Sieur Languet, pag. 50. de son *Factum* ; cet Auteur n'y agite point la question de sçavoir, si le Vassal qui avoüe le Roi au préjudice de son Seigneur commet ou non son Fief, il ne parle que de l'abus que font la plûpart des Seigneurs de l'autorité qu'ils ont sur leurs hommes ou Sujets, en différant ou leur refusant absolument la justice, & il dit que dans ce cas là ces hommes ou Sujets peuvent recourir au Roi de qui les Seigneurs tiennent la Justice.

Si Barones, castellani & reliqui temporales Domini qui habent Jurisdictio-nem omnimodam in terris dominiis suis unum tantum jurisdictionis gradum, haberint eumque longè meliùs & diligentiùs administrandum quam duos aut plures . . . . . . si negligenter aut perperàm utantur, cur non facilè & promptè ad pr.orem naturam & exordium suum revertatur : constat enim in hoc toto Regno & qualibet ejus parte Regem esse fundatum de jure communi IN JU-RISDICTIONE ET IMPERIO.

Ce même Auteur dans l'Arrêt qu'il cite dans son *Stilus anti-quus Parlamenti*, chap. 28. n. 14. ne dit rien qui soit contrai-re au principe qu'on vient d'établir, & à l'exception qui est au-torisée par la raison.

Cet Arrêt raporté par Chopin & par Salvaing, est dans l'es-péce d'un Vassal qui ne s'étoit pas contenté seulement de di-re comme le Sieur Languet, qu'il reprendroit du Roi, mais qui effectivement en avoit repris, peut-ête parce qu'il ignoroit de bonne foi que c'étoit son véritable Seigneur, & qu'il avoit lieu de présumer que c'étoit le Roi.

Or il n'est pas douteux que dans ces circonstances le Vassal ne tombe jamais dans la commise, quand bien même il se-roit déclaré par Arrêt être dans la mouvance d'un autre Sei-gneur.

Il en seroit de même en cas de contestation & debat de Fief entre deux Seigneurs, qui est celui, & autres semblables, dont entendent parler Tronçon, Frontin, Ricard, Dupineau, Poquet de Livoniere, Duplessis, Auzanet, le Grand Coûtumier, Billecoq, Delaistre, l'Hommeau, La-peirere, Despeisses, & enfin l'Auteur de la Pratique civile im-primée en 1712. tous Auteurs choisis & citez par le Sieur Languet, pour établir cette maxime, qu'on ne lui conteste pas en géneral, que qui avoüe le Roi pour son Seigneur né commet son Fief.

Mais il s'est trompé quand il a dit que c'étoit le sentiment de Chopin ; ce l'est bien à la verité dans la thése génerale, mais dans le cas particulier cet Auteur ne fait aucune distinc-tion entre le Roi & un autre Seigneur, lorsqu'il est avoüé pré-cipitemment par le Vassal : voici comme il s'explique liv. 1. sur la Coûtume d'Anjou, art. 6. pag. 87.

„ D'avantage il est acordé specialement aux Vassaux qui se
„ disent tenir du Roi de n'être point condamnez en amende,
„ ou encourir commise de leurs Fiefs vers le véritable Seigneur

,, pour avoir *précipitemment* avoüé le Roi pour leur Seigneur ;
,, Mafuer le dit expreffément.

Le même Chopin fur la Coûtume de Paris dans l'endroit cité par le Sieur Languet ne parle pas des Seigneurs, mais de
ceux qui tiennent du Roi des Terres par engagement, & après
avoir fait voir la difference qu'il y a entre les biens particuliers
& privez du Prince & ceux de fa Couronne, il dit que cet-
,, te difference ne tend qu'à faire voir, que celui qui fe dit
,, Vaffal du Roi, à caufe d'une Seigneurie qui lui eft propre
,, & particuliere ne joüit pas de ce droit fingulier, & telle
,, prérogative qui compete aux Vaffaux de la Couronne, *&c.*
Ce qui eft directement contraire aux inductions que le Sr.
Languet en voudroit tirer.

La Coûtume de Meaux ne parle pas indéfiniment, comme
il le dit, on ne peut rien de plus précis que la difpofition
qu'elle contient à cette égard art. 154. *le Vaffal qui defavoüe fon
Seigneur, perd fon Fief & le confifque, fi ce n'eft*, dit-elle, *qu'il avoüe le
Roi*, mais elle ajoute incontinent, *pourvû que ce foit fans fraude*

Quand on a dit que c'étoit encore le fentiment de Brodeau on n'a rien atribué à cet Auteur, car quand on con-
fulte dans les fources les autoritez qu'il employe pour le fon-
der, on ne trouve rien qui y foit contraire.

L'Arrêt qu'il raporte prouve même que cette maxime générale que *qui avoüe le Roi ne commet fon Fief* a fes exceptions.
En voici l'efpece qu'on peut voir tout au long dans le premier tome du Journal des Audiances, livre 4. chap. 47.

En 1645. le Sieur Perrain Secretaire du Roi fe rendit ajudicataire de la Terre de Courtabeuf mouvante pour la pius
grande partie du Comté de Montlhery qui fait partie de
l'apanage de Mr. le Duc d'Orléans.

Derouen Receveur général de ce Comté fe fit céder le droit
de retrait féodal par Mr. le Duc d'Orléans, & le Sieur des
Coubleau, en ce que la Terre de Courtabeuf relevoit de lui
à caufe de fon Fief de Magnyleffart, & fous le nom tant de
Mr. le Duc d'Orléans, que du Sieur Defcoubleau intenta l'action en retrait féodal.

Perrain donna d'abord les mains à cette demande fous
deux conditions. La premiére, qu'on lui laifferoit les fruits
pendans par racine lors de l'ajudication du decret. La feconde, qu'on lui payeroit les droits de quints qui lui étoient
aquis en fa qualité de Secretaire du Roi.

Cependant comme on ne voulut point y paffer, il prit un
autre parti qui fut de foutenir qu'en fa qualité de Secretaire
du Roi il étoit éxemts du retrait féodal.

Mr. le Duc d'Orléans, le Sieur Defcoubleau & de Rouen
répliquerent, & fur le tout intervint Sentence aux Reqcêtes
du Palais le 29. Mai 1646. par laquelle le Sr. Perrain fut
condamné à laiffer à Derouen en fa qualité de ceffionnaire du
retrait féodal, le Fief, Terre & Seigneurie de Courtabeuf
avec les fruits du jour de la demande en retrait.

Toutes les Parties interjeterent apel de cette Sentence par différens motifs , & à la Cour le Sieur Perrain qui ne s'étoit pas d'abord fort embaraſſé de la mouvance du Fief de Courtabeuf crut qu'il étoit de ſon interêt de ſoutenir que ce Fief étoit entiérement mouvant du Comté de Montlhery, & qu'il n'y avoit rien qui relevât du Sieur Deſcoubleau de Sourdis à cauſe du Comté de Magny-leſſart.

Son motif étoit qu'en qualité de Secretaire du Roi il étoit éxemt de tous droits Seigneuriaux pour les Terres mouvantes dû Domaine , par conſéquent à l'abri du retrait féodal qui étoit un droit ſeigneurial ; que le Comté de Montlhery étant un apanage d'un fils de France , il retenoit toûjours la qualité de Domaine du Roi.

Mr· le Duc d'Orléans ſe joignit à lui parce qu'il y avoit interêt , & conclut à ce qu'il fut payé au decret par préférance à tous créanciers de tous les droits de Fief, au lieu qu'il les auroit partagé avec le Sieur Deſcoubleau.

Celui-ci forma opoſition & produiſit un grand nombre de Titres pour établir ſa mouvance, à la vûe de ces Régiſtres Mr. le Duc d'Orléans fut obligé de donner les mains, & lors du jugement du procès comme le Sieur Deſcoubleau avoit formé une demande en commiſe contre Perrain , les Parties furent miſes hors de Cour. Voilà dans quelles circonſtances fut rendu l'Arrêt du 21. Août 1640. que le Sieur Languet opoſe à Brodeau lui-même , comme contraire à ſon ſentiment.

Cependant on voit que le Sr. Perrain étoit un Aquereur de bonne foi qui ne cherchoit qu'à ſauver ſon interêt , car d'abord il conſent ala démande en retrait féodal , à condition qu'il ſera dedommagé du tout , payé des droits qu'il prétendoit lui être dûs en ſa qualité de Secretaire du Roi , enſuite comme on lui refuſe & que le Sienr Deſcoubleau n'avoit pas Juſtifié alors d'aucun titre pour établir la mouvance de partie du Fief acquis par Perain , il prend le parti de ſoutenir que ce Fief eſt mouvant pour le tout du Comté de Montlhery , qui étant un Fief apanagé , avoit toûjours conſervé ſa qualité d'être du Domaine du Roi , que cela étant on ne pouvoit exercer le retrait féodal étant un droit Seigneurial en ſa qualité de Secretaire du Roi il n'y étoit pas ſujet.

Mr. le Duc d'Orleans d'un autre côté d'abord prend le parti de Perrain & embraſſe ſon ſiſteme , parce qu'il y trouvoit ſon intérêt ; enſuite il abandonne la partie & ſe deſiſte de ſes prétentions ſur la partie mouvante du Sieur Deſcoubleau , parce que ce Seigneur lui juſtifia la mouvance : eſt-il ſurprenant dans ces citconſtances qu'on ait mis hors de Cour les parties ſur la démande en commiſe formée par le Sr. Deſcoubleau ? & peut-on dire que par cet Arrêt il a été jugé , que quand on avoüe le Roi par affectation , par malice , par opiniâtreté dans un eſprit de fraude , de calomnie & d'injure au préjudiee du veritable Seigneur connu pour tel, on ne commet pas ſon Fief.

Si le Sr. Perrain avoit eu par succession le Fief de Courtabeuf; si après vingt ans de possession & de joüissance, le Sr.
Descoubleau lui eut fait instance pour rendre les devoirs de
Fief, parce qu'il n'auroit pas voulu deferer à ses invitations:
si en l'assignant il lui avoit donné copie de ses titres, c'est
à dire des reprises des Fief, des aveux & dénombremens donnez
par ses auteurs, & que malgré toutes ces connoissances il
l'eut désavoüé, & eut avoüé le Roi à son préjudice; pense-
t-on en bonne foi qu'on n'auroit pas fait droit sur la demande en commise formée par le Sr. Descoubleau, malgré que
le Vassal ont reclamé le Roi pour son Seigneur; ce font la
neanmoins les circonstances dans lesquelles se trouvent le Sr.
Languet.

Encore le Sr. Perrain avoit-il un motif aparent d'intérêt que
je crois qu'il prétendoit s'exempter du retrait qu'on vouloit
exercer sur lui par sa qualité de Secrétaire du Roi, outre qu'il
étoit un Acquereur de bonne foi.

Mais le Sr. Languet est un ancien possesseur & il n'a aucun
intérêt à contester au Seigneur d'Antigny la mouvance de
Sivry : il ne peut donc l'avoir fait que dans un esprit d'injure, pour la lui faire perdre s'il le pouvoit.

C'est en vain qu'il dit qu'il ne s'est avoüé Homme du Roi
que pour se faire rendre justice & obtenir mainlevée de la
saisie faite sur lui.

Comme si en satisfaisant à ces devoirs dûs au Seigneur d'An-
tiny, il n'auroit pas eu la mainlevée qui lui a fait entreprendre ce procès, où il n'y a rien à gagner pour lui quand bien
même ce qu'on ne peut se persuader, la mouvance seroit dé-
clarée apartenir au Roi.

Enfin le Sr. Languet prétend qu'un Seigneur désavoüé ne
peut demander la commise, ni l'esperer lorsqu'il a touché le
prix de la Terre qui y est sujete.

Mais il se trompe, parce que nôtre Coutume ne fait pas cette
distinction, si la terre qui tombe en commise a été donné
à titre gratuit ou si elle a été achetée, elle ne dit pas que dans
ce dernier cas il n'y a pas lieu, mais elle parle indistinctement
de la commise comme d'une peine que merite le Vassal qui
fait un faux aveu, ou qui tombe dans l'un des cas qu'elle a pré-
vû par une disposition particuliere, que le Fief ait été vendu
ou non, le prix payé ou non, peu importe, parce que ce Fief
auroit été donné à un prix moindre en consideration de
l'hommage & de l'esperance du rétour dans le cas de la felonie,
en un mot c'est une condition sans laquelle ce Fief n'auroit
été vendu, c'est une suite de l'hommage que refuse le Vassal
opiniatre : il en est du Seigneur féodal comme du Seigneur
censier qui dans son heritage, qu'il avoit alieṇé, & dont il avoit
touché le prix.

Quoiqu'il en soit, on ne peut pas dire que Mr. le Marquis
d'Antigny soit dans le cas; dans le sistème du Sieur Languet,
il est certain qu'il n'a pas touché le prix du Fief de la Tour
de Sivry distinct & séparé de la Seigneurie, puisqu'il n'y a

point de preuve du tems de fon aliénation , & qu'en remon-
tant jufqu'au douziéme fiécle on trouve qu'il relevoit déja des
Barons d'Antigny.

Dans celui ce Mr. d'Antigny il n'y a qu'une portion de
ce Fief donnée à un prix modique ; en forte que de quelque façon qu'on l'entende , le Sieur Languet refufant avec
tant d'opiniâtreté de rendre au Seigneur dominant les devoirs
de Fief qu'il lui doit , il ne peut éviter la peine de fa felonie,
fur quelque prétexte que ce foit , fur tout fon Fief étant fitué
dans une Coutume où ils font tous de danger.

Demande du Sieur Languet en reſtitution de piéces.

On a déja dit que c'étoit un prétexte frivole de la part du
Sieur Languet lorfqu'il s'excufe de n'avoir point rendu les
devoirs de Fief à aucun Seigneur fur ce qu'il n'avoit aucun
titre ni aucun enfeignement de la confiſtance de fon Fief : il
n'y a perfonne qui ne s'aperçoive qu'il a cru par là fe mettre
à couvert de la commife ; car dans le doute il auroit dû au
moins rendre les devoirs de Fief au Roi ; il n'avoit certainement pas befoin de titres & de papiers , fauf à exercer fon action à cet égard : il fufit qu'il fut propriétaire ; cependant
il eſt encore à les rendre ; & c'eſt pour colorer fon faux aveu
qu'il a chargé le Procés d'une demande en reſtitution des
titres , terriers , & autres papiers concernans la Terre & Seigneurie de Sivry.

On a déja répondu que les titres qu'il demande font en fa
puiffance , que Mr. le Marquis d'Antigny ne lui en retient aucun , & qu'on ne préfumera pas que depuis 1589. fes auteurs
ayent joüi de ce Fief , & des droits qui en dépendent , s'ils
n'avoient eu les titres & terriers en vertu defquels ils les ont
perçû.

S'il n'eſt pas dit fur le contrat de 1589 qu'il y en ait eu
de remis , c'eſt une preuve qu'ils le furent à l'inſtant , fi vrai
que dans les aveux & dénombremens fournis par fes auteurs
aux Seigneurs d'Antigny , font raportez la confiſtance du Fief
de Sivry , & les cens , redevances , & autres droits qui en dépendent.

C'eſt mal conclure que de dire que paroiffant par les écritures que fit l'Avocat Chanu pour le Procureur d'Office d'Antigny ; que cet Avocat , & par confequent le Procureur d'Office avoient fous les yeux les anciens Terriers d'Antigny , &
ceux de la Seigneurie de Sivry , le Terrier de Sivry étoit au
pouvoir du Seigneur d'Antigny , & qu'il y eſt encore , parce
que l'affaire ayant été compromife entre des Arbitres , il n'eſt
pas furprenant que l'Avocat eut fous les yeux les Terriers &
autres piéces produites pardevant ces Arbitres , lefquelles furent
fans contredit reſtituées aux Parties aprés la Tranfaction de
1619. ainfi c'eſt fans raifon qu'il demande aujourd'nui ces
titres & Terriers qui reſterent en la puiffance de fes auteurs , &

S

dont ils se font servi, ainsi que le Sieur Languet, pour exiger des tenemantiers les cens & autres redevances assectées sur leurs héritages ; en un mot Mr. le Marquis d'Antigny n'a point d'autres titres concernant le Fief de Sivry que ceux qu'il a produits au procès qui font communs entre lui & le Sieur Languet ; il en doit être cru sur sa parole, & il s'en tient à ce qu'il a dit à ce sujet dans sa Requête du 26. Juillet 1731.

Du reste c'est injustement que le Défendeur lui reproche de n'avoir pas produit tous ceux qu'il prétend qu'il a en sa puissance, & de n'avoir fait paroître que ceux qu'il avoit choisis parmi beaucoup d'autres qui ne lui font pas favorables : ce reproche non seulement est injuste, il est même injurieux. Mr. le Marquis d'Antigny n'a aucun intérêt de cacher ses Titres : il seroit heureux pour lui qu'il eut pû recouvrer tous ceux qui furent produits lors de l'instance que son prédécesseur Baron d'Antigny eut avec les Brouhot au sujet de la mouvance du Fief de Sivry, & lesquels font visez, énoncez & cottez dans le procès verbal du 16. Décembre 1579. mais l'injure des tems, le malheur des guerres, la négligence des personnes à qui le soin des affaires des anciens Barons d'Antigny avoient été confiées, sur tout pendant leur minorité n'ont pas peu contribué à la perte qui s'en est faite, & dont le Sieur Languet voudroit aujourd'hui tirer avantage.

Oposition au dénombrement.

Le Sieur Languet ne s'est pas contenté de contester à Mr. le Marquis d'Antigny la mouvance du Fief de Sivry, il a encore formé oposition au dénombrement que ce Seigneur a fourni au Roi, & il demande que tous les articles concernans la Terre de Sivry soient rayez & retranchez de ce dénombrement ? cette injustice tend à faire perdre encore à Mr. le Marquis d'Antigny la mouvance du dixme de Sivry qui fait un des articles de son dénombrement.

Il n'est question entre les Parties que de sçavoir si ce qu'il possède aujourd'hui en Fief à Sivry provenant des Broubot est de de la mouvance ou non du Marquisat d'Antigny ? on ne lui demande que de se conformer à ce qu'ont fait ses auteurs, c'est-à-dire de rendre comme eux au Seigneur actuel d'Antigny les devoirs de Fief, & de la même manière que ses auteurs les ont rendus : ce n'est point à lui à entrer dans l'examen de ce que Mr. le Marquis d'Antigny a compris dans les différens articles de son dénombrement, ainsi il doit être débouté de la demande qu'il a formée à cet égard.

Demande en radiation & réparation de termes prétendus injurieux, répandus dans les écrits de Mr. d'Antigny.

Cette demande formée par le Sieur Languet est téméraire & injurieuse, Mr. le Marquis d'Antigny n'a rien dit que ce qu'une juste défense lui permettoit de dire.

Quand il lui a reproché que ce procès n'est que l'effet de sa mauvaise humeur & de l'esprit processif dont il est tourmenté ; c'est qu'en effet il plaide gratuitement, sans aucun interrêt réel, uniquement dans un esprit d'injure, n'y ayant rien à gagner, quand bien même, comme il s'en flate, il sortiroit du combat sans playes ni blessures, c'est que comme tout le monde sçait il a déja plaidé pendant plusieurs années pareillement sans interrêts, & qui pis est pour lui sans succès, en sorte qu'on peut dire qu'il paroit ne plaider que par inclination & uniquement pour plaider : lui-même aprend à la tête de son Factum qu'il en a une longue expérience.

Quand il a ajoûté qu'il s'étoit soumis à reprendre de Fief, mais à des conditions ridicules & impertinentes ; c'est qu'en effet celles qu'il vouloit imposer à Mr. le Marquis d'Antigny le font & le paroîtront à quiconque sçaura qu'en même tems qu'il proposa à Mr. le Marquis d'Antigny qu'il étoit prêt de reprendre de Fief entre ses mains, il ajoûta que ce ne seroit qu'à condition qu'il lui abandonneroit les mouvances de Corbeton & du dixme de Sivry qu'il lui reporteroit en arriére-Fief : cependant toute ridicule & toute impertinente que soit cette proposition, Mr. le Marquis d'Antigny n'estime pas qu'il ait employé dans aucun écrit ce terme d'*impertinente*, mais celui *de déraisonnable*, en tout cas le Sieur Languet tout délicat qu'il est ne peut s'en offenser, parce que l'impertinence ne tombe que sur la proposition, & non sur la personne ; ainsi c'est sans raison que par un excès de délicatesse que ce vassal qui se dit *respectable* s'en plaint & demande que Mr. d'Antigny lui en demande pardon.

C'est pareillement sans raison qu'il se plaint qu'on lui a dit qu'il étoit de mauvaise foi : on ne lui a pas dit qu'il fut de mauvaise foi ; mais seulement qu'il manquoit de bonne foi, en suposant qu'il ignoroit que Mr le Marquis d'Antigny fut devenu Seigneur du Marquisat d'Antigny lors de son mariage, tandis qu'on lui prouvoit le contraire, & encore en suposant tout ce qu'il a avancé au sujet de la distinction du Fief de la Tour de Sivry & du Fief de la Seigneurie qu'il prétend, sans faire voir en quoi consistoit l'un & l'autre Fief, qu'il avoit été réüni, tantôt en la personne des Barons d'Antigny, tantôt en celle des Brouhot, contre l'évidence du fait qui résulte des titres qui lui avoient été communiquez.

On n'a pas dit non plus qu'il fut un insolent ni un opiniâtre, mais seulement que le refus qu'il faisoit de rendre les devoirs de Fief au Seigneur dominant étoit une opiniâtre insolence : & on ne l'a dit qu'aprés Begat, qui parlant à l'ignorance grossiere que présente un Vassal pour se dispenser de rendre les devoirs à son Seigneur, l'apelle *opiniâtre insolence* : le Sieur Languet a d'autant plus de tort de s'en formaliser, que c'est lui-même qui a donné lieu à cette aplication par l'usage qu'il vouloit faire de l'autorité de Begat qu'on étoit obligé d'expliquer ou de réfuter dans l'endroit même qu'il oposoit.

Voilà où se réduit ce tas d'injures, ces termes durs & grossiers, ces paroles de hauteur & de mépris dont il dit que Mr. le Marquis d'Antigny a affecté de l'acabler d'un bout à l'autre de ses écrits.

Or y a-t-il rien dans tout cela qui puisse lui rendre le cœur si gros, & que ce Seigneur dominant désavoüé par son Vassal, qui n'a cherché en lui suscitant ce procès qu'à lui faire injure, n'ait pû dire dans le cas d'une juste & légitime défense.

Mr. le Marquis d'Antigny a donc lieu d'espérer que la demande que le Sieur Languet a formée en radiation de ces prétendûs termes injurieux, & à ce que Mr. le Marquis d'Antigny fut condamné à lui déclarer qu'il est fâché de les avoir fait écrire & à lui en demander pardon en présence de Commissaires, & de deux personnes à son choix, sera regardée comme téméraire & injurieuse, & qu'il en sera renvoyé, avec dépens, dommages & intérêts.

Réflexions sur les moyens imployez par Mrs. les Gens du Roi, pour établir leur intervention.

On n'est pas surpris que Mrs. les Gens du Roi se soient déterminez à demander comme ils font, que le Fief de Sivry soit déclaré mouvant immediatement & relevant en plein Fief de Sa Majesté : dès qu'on les a vû prendre part au combat, on s'est facilement persuadé qu'ils embrasseroient le parti du plus fort, quoiqu'il ne soit pas le plus juste.

Aussi croit-on au fond qu'ils ne l'ont point fait sérieusement, Parce que selon le devoir de leur Charge, ils n'auroient pas manqué de faire saisir au nom du Roi le Fief de Sivry, faute de devoirs non faits (quoique le Sieur Languet le réclame pour son Seigneur) ni de conclure à la commise au profit de sa M. puisque ce Vassal est dans le cas, ce qui fait présumer qu'ils ne sont pas autrement persuadez que la mouvance lui apartient.

Quoiqu'il en soit, & quels que puissent être les motifs qui l'y ont déterminé, ils ne sont après tout que partie dans l'instance : on s'en aperçoit assez, & Mr. le Marquis d'Antigny n'a pas lieu d'aprehender que quoiqu'ils se soient déclarez ouvertement pour le Roi, Mrs. ses Juges lui refusent la Justice qu'il leur demande.

C'est déja beaucoup qu'ils conviennent que Mr. le Marquis d'Antigny a parfaitement prouvé que tout ce que le Sieur Languet possede aujourd'hui sous la dénomination de Seigneurie de Sivry a de toute ancienneté été une mouvance du Marquisat, autrefois Baronie d'Antigny, & que les Seigneurs de ce Fief Dominant en ont été servis jusqu'à present sans aucune contradiction

Mais ils n'y ont pas fait atention, lorsqu'ils ont dit que les parties de ce Fief ont fait retour par intervale au Fief Dominant, puiſqu'il eſt certain au procès que la portion que poſſedoit Brouhot qui l'avoit aquiſe du Sieur de la Baume & des héritiers Berthot n'eſt jamais rentré dans la poſſeſſion des Seigneurs d'Antigny depuis la premiere aliénation qui m'a pû être faite, ſoit par partage ou autrement, même avant le douziéme ſiecle, & que ces Seigneurs n'ont jamais poſſedé que ce qui fut aquis en 1529. par Girard de Vienne, Dandelot & des Simon, héritiers d'Arbaleſte, on ne trouverá pas de leur part aucune aquiſition de portion de cette Seigneurie avant cet époque, bien moins avant 1498. ainſi qu'ils l'ont avancé.

La preuve qu'ils tirent de ce retour de toutes les parties de ce Fief à la Baronie, & l'énoncé qui ſe trouve dans la piéce d'écriture cotée 44. n'eſt ni certaine ni ſenſible; car la portion de ce Fief, *Terre ou Seigneurie de Sivry qu'il y eſt dit être de la Chatellenie d'Arnay-le- Duc mouvant du Fief du Roi*, n'eſt autre choſe que la Juſtice qui en dépendoit & qui en dépend encore aujourdhui en partie, depuis une inſtance qui fut dans ces tems-là entre Philiberte de Luxembourg, Princeſſe d'Orange, Dame d'Arnay-le-Duc & le Seigneur d'Antigny, qui prétendoient réciproquement qu'elle leur apartenoit en totalté.

Dire encore comme ils font, que le Baron d'Antigny acheta & paya à Brouhot l'aquieſcement de la Sentence de 1579. par la remiſe qu'il lui fit de toutes les ajudications qu'il avoit obtenues, c'eſt avoir oublié que Mrs. les Gens du Roi étoient Parties dans ce procès, & qu'ils ne ſe départirent de l'inſtance, ainſi qu'il eſt porté par cette Sentence, qu'après avoir reconnu par les titres cotez ſuivant l'ordre, & ſous la cote ſous laquelle ils avoient été produits par le Baron d'Antigny, que parce qu'ils la trouverent inſoutenable pour l'impetrant des Lettres de ſouffrance; quand donc le Baron d'Antigny remit à Brouhot les ajudications qu'il avoit obtenue contre lui, il ne le fit que par grandeur d'ame & par déſintereſſement.

C'eſt à tort qu'ils reprochent à Mr. le Marquis d'Antigny de s'être plus empreſſé à exiger de ſon Vaſſal les devoirs de Fief par la voye de la mainmiſe, qu'à rendre ceux dont il étoit lui-même tenu envers le Roi, enſuite de la poſſeſſion dans laquelle il étoit entré du Marquiſat d'Antigny, ſans doute qu'ils n'ont point voulu faire atention à l'acte de repriſe qui fut faite en la Chambre des Comptes par ce Seigneur le 18. Mars 1728 près de neuf mois avant la ſaiſie faite ſur le Sieur Languet: cependant cette repriſe avoit été ſignifiée & produite au procès par copie, & quand elle ne l'auroit pas été, ils ont dû connoitre par le dénombrement dans quel tems les devoirs auſquels il étoit tenu envers le Roi ont été rendüs, ainſi le Sieur Languet n'avoit nul prétexte de le méconnoitre, puiſqu'il s'étoit annoncé à lui revêtu de toutes les formes requiſes.

Ils ont eu tort pareillement de dire que la portion de Coulié de Chaſoges releve du Roi, parce que le fait n'eſt point, & qu'on le dénie poſitivement, cette portion ayant toûjours relevé des Seigneurs d'Antigny, & ne confiftent que dans un Meix, les quatre compofans tout ce que poffédoit Antoine de Vienne de l'aquifition faite par Girard fon trifayeul des ayants droits d'Arbalefte qui en étoient proprietaires & poffeffeurs en qualité de fes héritiers, comme il eft porté dans la piéce d'écriture dont ils fe prévalent, ainfi que le Sieur Languet le dit.

Ils ont encore eu tort de dire que cette portion de Goulié étoit celle dont il eft parlé dans la même piéce qui dépendoit de la Chatellenie d'Arnay-le-Duc, parce que comme on l'a dit, c'étoit la Juftice & non la mouvance qui dépendoit de cette Chatellenie.

Ils fe font encore trompez lorfqu'ils ont avancé que les Barons d'Antigny avoient vendu une portion de Seigneurie aux Berthot, puifque cela ne paroit par aucun Titre, & qu'au contraire on voit que les Berthot étoient poffeffeur d'un quart, tant en la maifon Seigneuriale qu'autres biens & Domaines duquel quart Brouhot fe rendit ajudicataire.

Enfin ils ont encore dit que le Fief de la Tour de Sivry qui apartenoit à Brouhot étoit fervant de la Seigneurie du même nom, que le Baron d'Antigny tenoit dans ce même tems par fes mains; ce qui n'eft point vrai, fauf refpect, dans le cas même de la diftinction du Fief de la Tour du Fief de la Seigneurie, car le Fief de la Tour n'a jamais relevé des Barons d'Antigny à caufe du prétendu Fief de la Seigneurie, mais à caufe de leur Baronnie d'Antigny ; c'eft ce que portent tous les anciens & nouveaux Titres produits au procès.

Au furplus comme Mrs. les Gens du Roi n'ont employé aucun autre moyen au fond pour établir la mouvance du Fief de Sivry en faveur du Roi que ceux qui ont été employez par le Sieur Languet, on emploie pareillement contre eux toutes les raifons & autoritez détaillées dans ce Mémoire.

CONCLUSIONS.

Sans avoir égard aux Requêtes du Sieur Languet, non plus qu'à l'opofition par lui formée au dénombrement fourni par Mr. le Marquis d'Antigny, fans avoir égard pareillement à l'intervention & demande de Meffieurs les Gens du Roi, le Sieur Languet foit déclaré non recevable, ou en tout cas mal fondé dans le refus qu'il fait de rendre audit Seigneur Marquis d'Antigny les devoirs de Fief qu'il lui doit à caufe de fon Chatel & Maifon Forte d'Antigny pour raifon du Fief de la Tour & Seigneurie de Sivry, provenant anciennement de Jean Brouhot Sieur de la Vefvre, apartenant audit Sr. Languet comme héritiers de Philipes Languet fon pere.

Que pour avoir témérairement à efcient & contre fa propre connoiffance défavoué ledit Seigneur Marquis d'Antigny, ledit Fief de la Tour & Seigneurie de Sivry provenant dudit Jean Brouhot demeurera confifqué & ajugé par droit de commife audit Seigneur Marquis d'Antigny, que ledit Sr. Languet fera en outre condamné à la reftitution des fruits & revenus dudit Fief faifi par exploit du 6. Novembre 1728. fuivant l'eftimation qui en fera faite par Experts agréez par les Parties ou nommez d'office, & en tous les dépens.

Prononçant fur la Requéte de Mr. le Marquis d'Antigny du 21. du préfent mois de Janvier, dire que témérairement & fans fujet ledit Sieur Languet a demandé par fa Requéte fignifié le 14. du même mois que ledit Seigneur Marquis d'Antigny fut condamné à lui demander pardon & à lui faire réparation des prétendus termes injurieux qu'il fupofe lui avoir été dit dans les écrits dudit Seigneur Marquis d'Antigny ; qu'il fera débouté de cette demande comme injurieufe, & le Sieur Languet lui-même condamné en mille liv. de dommages & interêts réels & honoraires, & aux dépens pour ce chef.

Monfieur **GARNIER** *Raporteur.*

CALON Confeil.

BIZOUARD. Procureur.